Geschichte der Medizin

Reclam Sachbuch

William Bynum

Geschichte der Medizin

Aus dem Englischen übersetzt
von Christian Rochow

Mit 28 Abbildungen

Philipp Reclam jun. Stuttgart

Für Helen
sine qua non

Titel der englischen Originalausgabe:
William Bynum: The History of Medicine.
A Very Short Introduction.
Oxford / New York: Oxford University Press, 2008

RECLAMS UNIVERSAL-BIBLIOTHEK Nr. 18736

Gestaltung: Cornelia Feyll, Friedrich Forssman
Gesamtherstellung: Reclam, Ditzingen. Printed in Germany 2010
RECLAM, UNIVERSAL-BIBLIOTHEK und
RECLAMS UNIVERSAL-BIBLIOTHEK sind eingetragene
Marken der Philipp Reclam jun. GmbH & Co. KG, Stuttgart
ISBN 978-3-15-018736-4
www.reclam.de

Inhalt

Einleitung

Die verschiedenen Formen der Medizin

Das vorliegende kleine Buch widmet sich einem sehr weiten Themenfeld. Ich versuche, einen generellen Verständnisrahmen für die Geschichte der Medizin ab jener Zeit zu geben, als die Griechen der Antike die westliche medizinische Tradition begründeten. Deswegen wird die Geschichte hier nach einer Typologie verschiedener »Formen« der Medizin aufgegliedert und vorgestellt. Diese Formen sind in der Tabelle auf S. 8 zusammengefasst und werden in den ersten fünf Kapiteln des Buches erläutert.

Die fünf Formen der Medizin in Abb. 1 – Medizin am Krankenbett, in der Bibliothek, im Hospital, in der Gemeinschaft und im Labor – beziehen sich auf die verschiedenen Ziele der Ärzte sowie auf die unterschiedlichen Stätten ihrer Arbeit. Die gewählte Aufgliederung gestattet eine mehr oder minder chronologische Darstellung, gleichwohl sind diese Formen der Medizin kumulativ zu verstehen. Die Medizin am Krankenbett, die mit der hippokratischen Schule beginnt, lebt in der modernen medizinischen Primärversorgung fort, und die im Mittelalter begründete Medizin in der Bibliothek findet sich in der Informationsexplosion wieder, die die moderne Medizin, und die moderne Welt überhaupt, charakterisiert. Die Hospitalmedizin des 19. Jahrhunderts war in gewisser Hinsicht eine erweiterte Medizin am Krankenbett mit neuen diagnostischen und therapeutischen Hilfsmitteln sowie jenem medizinischen Expertentum, das wir vom modernen Krankenhaus erwarten. Die Medizin in der Gemeinschaft deckt bestimmte Aufgabenbereiche ab: die Sicherung der Infrastrukturen der Umwelt wie sauberes Wasser und Müllentsorgung, Impfkampagnen, die Gewährleistung von Sicherheit und Gesundheitsschutz am Arbeitsplatz, außerdem die Analyse von Krankheitsmustern und ihrer Beziehung zu Ernährung, Lebensgewohnheiten oder den Einflüssen von Stoffen aus der Umwelt. Die Medizin im Labor schließlich besteht hauptsächlich aus Forschungsarbeit; sie widmet sich beispielsweise der Entwicklung besserer Arzneimittel und einem genaueren Verständnis der Mechanismen des Körpers, um Krankheiten besser zu diagnostizieren und zu behandeln.

Diese historischen Kategorien sind also immer noch voller Leben; sie gestatten es, über die Geschichte der Medizin in einer Weise nachzudenken, die auchden heutigen Menschen, die zugleich Steuerzahler, Konsumenten von Gesundheitsfürsorge und Nutznießer von Maßnahmen des öffentlichen Gesundheitswesens sind, etwas sagt. Diese »Formen« der Medizin bilden heute die Grobeinteilung für die Posten in den öffentlichen Gesundheitsbudgets und bestimmen – vor allem in den USA, wo die Unterstützung von Sonderinteressen Einfluss auf die Ausgaben für das Gesundheitswesen hat – die Identität von Interessengruppen. Medizinische Grundversorgung, Krankenhäuser, öffentliches Gesundheitswesen, biomedizinische

---

Abb. 1: Die Formen der Medizin. Die schematische Darstellung der verschiedenen »Formen« der Medizin, unterschieden nach Untersuchungsgegenstand, Arbeitsplatz und Ziel. Die ersten fünf Kapitel des vorliegenden Buchs erläutern diese fünf Formen der Medizin in ihrem jeweiligen historischen Kontext.

		Charakteristische Merkmale			
		Gegenstand der Untersuchung	**Art und Ort der Ausbildung**	**Ziel**	**Beispiel**
FORMEN	**Am Krankenbett**	Patient als ganzer	Lehre	Therapie	Hippokrates (um 460–370 v. Chr.)
	In der Bibliothek	Text	scholastisch, linguistisch, Universität	Erhaltung, Rückgewinnung, Kommentierung	Constantinus Africanus (gest. vor 1098)
	Im Hospital	Patient, Organ	Hospital	Diagnose	R. T. H. Laënnec (1781–1826)
	In der Gemeinschaft	Bevölkerung, statistisch	Gemeinschaft	Prävention	John Simon (1816–1904)
	Im Labor	Tiermodell	Labor	Verstehen	Claude Bernard (1813–1878)

Forschung, die Schaffung und Bereitstellung von Informationen: Damit sind die wichtigsten Anforderungen an die Medizin, denen sich heute ein Gesundheitsministerium stellen muss, im wesentlichen abgedeckt. Die Schwierigkeit besteht jedoch darin, dass diese Kategorien in gewisser Hinsicht miteinander im Wettbewerb stehen, da die Gesundheitsbudgets nun einmal begrenzt sind. Je mehr Geld für die Forschung ausgegeben wird, desto weniger steht für Krankenhauspersonal oder das öffentliche Gesundheitswesen zur Verfügung und umgekehrt.

Die genannten Kategorien überlappen sich auch historisch: Schon die Griechen und Römer der Antike entwickelten das gesamte Spektrum des Umgangs mit Gesundheitsproblemen. Sie versuchten, die Ausbreitung von Seuchen innerhalb der Gemeinschaft zu verhindern, sie verfügten über einfache Institutionen der medizinischen Versorgung für Sklaven und Soldaten, sie schufen Orte, wo die medizinischen Texte gesammelt wurden, sie versuchten, das medizinische Wissen durch Forschung zu erweitern und kümmerten sich natürlich auch um die Kranken am Krankenbett. Doch die modernen Kategorien der Medizin im Hospital, in der Gemeinschaft und im Labor entstanden in ihrer gegenwärtigen Form im Verlauf des 19. Jahrhunderts – an sie denken wir, wenn wir von »moderner Medizin« sprechen. Im letzten Kapitel gebe ich anhand dieser Typologie einen kurzen Abriss über wichtige Entwicklungen im 20. und 21. Jahrhundert, bei denen sich diese verschiedenen »Formen« der Medizin vermischen.

Die Gliederung, die ich für diese kurze Darstellung gewählt habe, stellt die westliche medizinische Tradition in den Vordergrund. Diese dominiert den Konsum und die

Aufwendungen für Gesundheitsleistungen in der westlichen Welt und ist auch anderswo von großer Bedeutung. Die Geschichte der Medizin lässt sich gewiss auch ganz anders konstruieren, doch bietet die hier gewählte Struktur meines Erachtens den Vorteil, dass sie einer historisch kohärenten Form folgt und interessierten Lesern das Thema adäquat nahebringt.

Legte ich dieses Manuskript einer medizinischen Fachzeitschrift vor, würde man von mir verlangen, etwaige Interessenkonflikte offenzulegen, die meine Interpretation der Fakten gefärbt haben könnten. Ich arbeite seit fast vier Jahrzehnten als Medizinhistoriker, bin aber ein ausgebildeter Arzt, dessen Studium in jenes »goldene Zeitalter« fiel, von dem in Kapitel 6 die Rede ist. Die medizinische Ausbildung beeinflusst sicherlich meine Interpretation der Medizingeschichte, dennoch habe ich hier versucht, den altmodischen Optimismus zu vermeiden, der die gesamte Geschichte als Fortschritt und als eine Stufenfolge sieht, die unvermeidlich zum jetzigen Zustand führen musste, ebenso wie die gegenwärtig verbreitete Weltsicht, bei der intellektuelle durch moralische Werte ersetzt und der Sexismus, Rassismus und alle sonstigen Ismen unserer Vorfahren gegeißelt werden. Meiner Ansicht nach haben auch in der Vergangenheit diejenigen, die Zugang zu medizinischer Versorgung hatten, diese in Anspruch genommen und dabei zwischen guten und schlechten Ärzten unterschieden. Sie wollten, dass ein guter Arzt sich ihrer annahm. Verändert haben sich nur die Anforderungen an einen »guten« Arzt.

1 Die Medizin am Krankenbett

Hippokrates ist zum Gründervater für Heiler jeder Art geworden. Homöopathen entdecken in den hippokratischen Schriften die Wurzeln ihrer Lehrsätze. Naturheiler, Chiropraktiker, Kräuterheiler und Osteopathen berufen sich auf ihn als den Begründer der Ideale, die ihrem eigenen Umgang mit Gesundheit, Krankheit und Heilung zugrunde liegen. Dasselbe gilt für Fachärzte in modernen Krankenhäusern, und viele von ihnen haben bei der Verleihung ihres akademischen Titels den hippokratischen Eid geschworen.

Dieser merkwürdige Zustand hat historische Ursachen. Zunächst einmal liegt der historische Hippokrates so weit im Dunkel der Geschichte, dass sich an ihn leicht eine Vielzahl von Interpretationen knüpfen lassen. Gleichwohl handelt es sich um eine reale Persönlichkeit. Hippokrates lebte zwischen etwa 460 und 370 v. Chr. auf der Insel Kos, die der Küste der heutigen Türkei vorgelagert ist. Damit war er ein wenig älter als Platon, Aristoteles und die anderen kosmopolitischen Schöpfer der klassischen griechischen Kultur, die ihren Mittelpunkt in Athen hatte. Dass er in so früher Zeit lebte, macht die Überlieferung so vieler »hippokratischer« Schriften umso bemerkenswerter, denn die Menschen bewahren das, was sie besonders wertschätzen.

Abgesehen von seinem Wohnort und seiner ungefähren Lebenszeit wissen wir allerdings nur wenig mehr über ihn. Er praktizierte die Medizin, unterrichtete Schüler gegen Bezahlung und hatte einen Sohn. Außerdem wurde er recht berühmt, wie sich aus seiner Erwähnung bei Platon schließen lässt. Ob er aber tatsächlich auch nur eines der ihm zugeschriebenen Werke verfasst hat, ist weniger klar. Gewiss ist, dass er sie nicht alle verfasst hat. Tatsächlich wurden sie im Verlauf von mehr als zweihundert Jahren von verschiedenen unbekannten Autoren zusammengestellt. Deswegen ist das hippokratische Korpus mit seinen ungefähr sechzig Schriften und Fragmenten in sich sehr uneinheitlich und gibt viele verschiedene Standpunkte wieder. Diese »hippokratischen« Schriften behandeln zahlreiche Aspekte der Medizin und der Chirurgie sowie Diagnosen, Therapien und Hinweise zur Krankheitsprävention. Die Hippokratiker gaben Ratschläge zur Ernährung und zu anderen Aspekten einer gesunden Lebensführung, und ein besonders einflussreicher Traktat gilt der Rolle der Umwelt auf Gesundheit und Krankheit. Es gab also viele »hippokratische« Standpunkte: unsere »hippokratische Medizin« ist ein historisches Konstrukt, für das bestimmte Themen und Theorien ausgewählt und in einem Rahmen zusammengefügt wurden, der in den Jahrhunderten, als diese Traktate geschrieben wurden, überhaupt nicht bekannt war.

Bei aller Vielfältigkeit existiert ein Merkmal, das sich in allen Texten des Korpus findet, und dieses Merkmal macht Hippokrates für viele moderne Heilkundige so attraktiv: Die hippokratische Medizin ist holistisch. Der hippokratische Ansatz hat stets den ganzen Patienten im Blick, weshalb die moderne Sehnsucht nach einer ganzheitlichen Medizin hier einen natürlichen Bezugspunkt findet. So bemerkenswert dieser Holismus an sich ist, so war er doch tief in kulturellen Werten verwurzelt, die in der griechischen Gesellschaft weit verbreitet waren. Die Griechen der Antike hatten eine Abscheu vor der Sezierung menschlicher Körper. Sie führten keine Autopsien durch, um die Todesursache zu bestimmen, und die griechischen Ärzte unterrichteten ihre Schüler nicht in tiefergehender Anatomie. Medizinische Schulen im modernen Verständnis gab es nicht. Die Schüler lernten von ihren Lehrern. Die anatomischen Kenntnisse beschränkten sich auf die Oberfläche. Außerdem schloss man beim genauen Beschauen des Patienten von Zeichen auf den wahrscheinlichen Krankheitsverlauf, das heißt auf die Prognose, und insbesondere darauf, ob der Patient die Krankheit wahrscheinlich überleben würde oder nicht. Der Arzt saß tatsächlich am Bett des oder der Kranken in ihrem jeweiligen Privathaus, da es keine Hospitäler gab.

Angesichts dieser Gegebenheiten wurde die griechische Medizin der Antike zum Prototyp der modernen Primärversorgung. Der hippokratische Arzt musste seine Patienten genau kennen: ihren sozialen, ökonomischen und familiären Status, er musste wissen, wie sie lebten, was sie üblicherweise aßen und tranken, ob sie gereist waren oder nicht, ob es sich um frei geborene Menschen oder Sklaven handelte, welche Neigung zu Krankheiten bei ihnen vorlag. Die theoretischen Gründe dafür waren in den hippokratischen Schriften zu finden, wie im folgenden näher auszuführen sein wird.

Wenn der Holismus Vertreter moderner alternativer Heilmethoden anspricht, so gibt es doch auch andere Eigenschaften der hippokratischen Medizin, die sie mit der zeitgenössischen medizinischen Wissenschaft verbinden. Die wichtigste ist der zugrundeliegende Naturalismus. Die medizinischen Systeme des antiken Nahen Ostens – in

Ägypten, Syrien, Mesopotamien, Babylonien – verbanden Theologie mit Heilkunde. Der Priester-Arzt war ein verbreiteter Typus. Krankheit wurde weithin als das Resultat eines göttlichen Missfallens gedeutet, verursacht durch Sünden und Vergehen verschiedener Art oder durch das Einwirken magischer Kräfte. Zur Diagnose konnten Gebete gehören, die Interpretation der Eingeweide von Tieren oder die Untersuchung, welche Vergehen der Patient begangen haben mochte. Diese Mixtur einer magisch-religiösen Medizin war in der hippokratischen Zeit auch in Griechenland verbreitet. Überall in der griechischen Einflusssphäre fanden sich Asklepios, dem griechischen Gott der Heilkunde, geweihte Tempel, darunter ironischerweise auch ein berühmter auf Kos, gewissermaßen in Hippokrates' Hinterhof. Der größte stand auf dem Festland, in Epidauros; seine gewaltigen Überreste sind heute noch vorhanden. Diese Tempel wurden von ansässigen Priestern verwaltet, die Patienten empfingen und deren Krankheiten aufgrund von Träumen deuteten, die die Patienten ihnen erzählten. Diese Träume wurden wahrscheinlich von der Anwesenheit heiliger Schlangen beeinflusst, die zweifellos die Schlafmuster der Patienten störten. Durch ihre Häutung ist die Schlange ein Symbol der Erneuerung. Sie finden sich abgebildet im Äskulapstab, dem Symbol für den griechischen Gott der Heilkunst (siehe Abb. 4) – kurioserweise wurden Asklepios und der Äskulapstab, deren magisch-religiöser Zusammenhang unübersehbar ist, zu Sinnbildern der modernen Medizin.

Die Heiltempel waren ein wichtiger Bestandteil der medizinischen Versorgung bei den Griechen, aber die Werte, die sie vermittelten, hinterließen im hippokratischen Korpus kaum Spuren. Die Traktate, die dieses Korpus bilden, gehen allesamt davon aus, dass Krankheiten natürliche Ursachen hätten, aber nur in einem einzigen Fall wendet sich der Autor einer hippokratischen Schrift explizit gegen übernatürliche Erklärungen von Krankheiten. Das geschieht zu Beginn eines Traktats über die Epilepsie, die im allgemeinen Sprachgebrauch der Griechen als »die heilige Krankheit« bezeichnet wurde, nicht nur weil epileptische Anfälle mit Schaumbildung vor dem Mund, Bewusstseinsverlust und dem Verlust der Kontrolle über die Muskulatur, die Harnblase und den Schließmuskel dramatisch verliefen, sondern auch, weil psychologische Symptome hinzukamen, die die Kranken manchmal zu ihrem Vorteil ausnutzen konnten. Alexander der Große und (später) Julius Cäsar sind Beispiele für mächtige Männer der Antike, die unter Epilepsie litten. Die Einleitungssätze der Schrift *Die heilige Krankheit* wurden als das Fanal für eine Medizin interpretiert, die Krankheiten ausschließlich auf natürliche Ursachen zurückführt. Auch nach mehr als zweitausend Jahren wirken die Sätze immer noch mitreißend:

> »Mit der sogenannten heiligen Krankheit verhält es sich aber folgendermaßen: Nach meiner Meinung ist sie in nichts göttlicher oder heiliger als andere Krankheiten, sondern hat, wie andere Erkrankungen, eine natürliche Ursache, aus der sie entsteht. Da sie aber anderen Krankheiten in nichts gleicht, betrachten die Menschen ihr Wesen und ihre Ursache als göttlich. Dieser Begriff der Heiligkeit wird durch die Unfähigkeit, die Krankheit zu verstehen, und durch das einfache Heilverfah-

ren aufrechterhalten, denn die Menschen werden von ihr durch Reinigungsopfer und Beschwörungen befreit. Wollte man aber die Krankheit um ihrer wunderbaren Beschaffenheit willen für etwas Göttliches halten, so gäbe es viele heilige Krankheiten und nicht bloß eine.«

Es ist festzuhalten, dass die Einstellung nicht unreligiös ist (»in nichts göttlicher oder heiliger als andere Krankheiten«), aber innerhalb eines Rahmens formuliert wird, der es ermöglicht, über die Ursachen dieser sogenannten heiligen Krankheit eine natürliche Erklärung zu geben. Der hippokratische Autor liefert dann auch eine natürliche Erklärung: Die Epilepsie werde durch eine Stockung im Gehirn verursacht, die den regelmäßigen Abfluss des Schleims verhindere und dadurch zu einer Fehlfunktion des Gehirns und zu den dramatischen Symptomen eines epileptischen Anfalls führe. Zwei weitere Implikationen verdienen, festgehalten zu werden.

Erstens: Der hippokratische Autor erklärt, das Bewusstsein und andere mentale Funktionen hätten ihren Sitz im Gehirn.

»Die Menschen müssen wissen, dass Freude, Scherz, Lachen und Vergnügen und ebenso Betrübnis, Trauer, Niedergeschlagenheit und lautes Wehklagen uns vom Gehirn zukommen. Durch dieses erwerben wir auf eine besondere Weise Weisheit und Wissen. Durch dieses sehen und hören wir, erkennen das Hässliche und das Schöne, das Böse und das Gute, das Angenehme und das Unangenehme; einiges unterscheiden wir nach der Sitte und anderes gemäß dem Nutzen.«

Die zentrale Rolle des Gehirns ist heute in der Wissenschaft allgemein bekannt, doch bei den Griechen verhielt es sich anders. Platon folgte Hippokrates in der Ansicht, das Gehirn sei der Sitz der psychischen Aktivität, doch Platons Schüler Aristoteles glaubte, das Herz wäre das Zentrum der Affekte und anderer mentaler Funktionen. Schließlich empfänden wir Angst oder Liebe in der Brust oder im Herzen, nicht aber im Gehirn. Das Herz, nicht das Gehirn, schlägt schneller, wenn wir besonders aktiv sind. Aristoteles, der die embryonale Entwicklung untersucht hatte, registrierte als erstes Lebenszeichen eines ungeborenen Hühnerkükens die Bewegung des sich entwickelnden Herzens. Fast zweitausend Jahre später spielte auch Shakespeare auf diese alte Debatte an:

»Tell me where is Fancy bred,
Or in the heart, or in the head?«
(Sagt, woher stammt Liebeslust?
Aus dem Kopfe, aus der Brust?)

Trotz unserer Sprache, die immer noch vieles dem »Herzen« zuschreibt, gingen Hippokrates und Platon als Sieger aus dieser Debatte hervor.

Der zweite wichtige Punkt, der aus dieser Abhandlung Erwähnung verdient, ist die hippokratische Ursache der Epilepsie: der blockierte Schleim. Für uns mag Schleim nichts weiter sein als das Zeichen einer gewöhnlichen Erkältung, aber für die Hippokratiker war er einer der vier Säfte (*humores*), die für Gesundheit oder Krankheit entscheidend sind und die das Zentrum der hippokratischen Physiologie und Pathologie bilden. Obwohl sich die Viersäftelehre nicht in allen hippokratischen Traktaten findet, ließ sie sich doch aus ihnen zusammensetzen. Der zweite Gigant der antiken griechischen Medizin, Galenos (129 – um 210 n. Chr.), deutete sie als den zentralen Bestandteil der medizinischen Theorie. Dank Galen genoss die Humoralpathologie ein solches Prestige, dass sie bis in das 18. Jahrhundert das medizinische Denken beherrschte.

Die vier Säfte: das komplette System

Bei den vier Säften handelt es sich um Blut, gelbe Galle, schwarze Galle und Schleim. Wie aus der schematischen Darstellung in Abb. 2 ersichtlich, stellen sie einen umfassenden Rahmen für das Verständnis von Gesundheit, Krankheit und nebenbei auch für anderes dar. Sie bilden eine Theorie der Temperamente, die als Anleitung zum Verständnis menschlicher Persönlichkeiten sowie als Hinweis auf die Anfälligkeit gegenüber Krankheiten dienen kann. Die Eigenschaften (Qualitäten) der Säfte – Hitze, Kälte, Trockenheit, Nässe – eröffnet eine Parallelität zwischen dem Verlauf von Krankheiten und den Stufen im individuellen Lebenszyklus. Jeder der Säfte ist zudem einem der vier Elemente – Luft, Feuer, Erde, Wasser – zugeordnet, die nach Ansicht der griechischen Naturphilosophie die Grundbestandteile aller Dinge der sublunaren Welt bilden. Unterhalb der Mondsphäre, in unserer Welt, verändern sich die Dinge, sie altern und sterben. Oberhalb des Mondes, so wurde postuliert, herrsche die vollkommene Kreisbewegung als Norm, und die Sterne beständen aus einem fünften Element, der »Quintessenz«.

Als Gesamtsystem betrachtet, bot die griechische Humoralpathologie den überzeugendsten Deutungsrahmen für Gesundheit und Krankheiten, der Ärzten und Laien zur Verfügung stand, bis sie im 19. Jahrhundert nach und nach von der naturwissenschaftlichen Medizin ersetzt wurde.

Die Körperflüssigkeiten und ihre Auswirkungen werden von Personen, die Kranke betreuen, wahrgenommen. Die Haut von fiebernden Kranken ist gerötet, Schleim oder Blut werden ausgehustet, Augen und Nase laufen. Bei Gelbsucht oder Dehydratation ist der Urin dunkel verfärbt. Die Haut eines Kranken kann feucht, verschwitzt oder bleich sein, und auch Durchfall oder Erbrechen sind auffällige Krankheitsmerkmale. Da in der griechischen Kultur das Sezieren menschlicher Körper verboten war, besaßen die hippokratischen Ärzte vergleichsweise geringe Kenntnisse von der menschlichen Tiefenanatomie. Man behalf sich mit Rückschlüssen aus der Sektion von Tieren oder mit Kenntnissen, die man aus der Zubereitung von Schlachtvieh hatte. Die hippokratischen Ärzte störte dies augenscheinlich wenig, auch wenn sich Galen später intensiv um anatomisches Wissen bemühte, das er hauptsächlich durch das Sezieren von Tieren gewann.

Für die Humoralpathologie waren ausführliche anatomische Kenntnisse entbehrlich, da als tätige Elemente hier die Körperflüssigkeiten, nicht die festen Bestandteile des Körpers gelten. Jedem der Säfte wurde allerdings ein Körperorgan zugeordnet: dem Schleim das Gehirn, dem Blut das Herz, der gelben Galle die Leber und der schwarzen Galle die Milz. Außerdem befassten sich die chirurgischen Traktate des hippokratischen Korpus auch mit dem Schie-

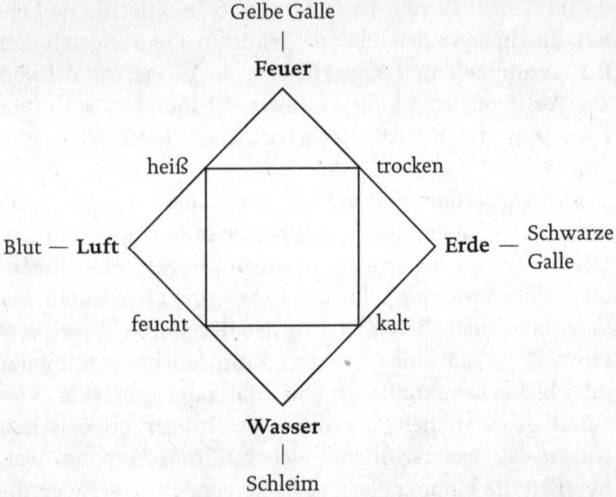

Abb. 2: Die Säfte: Die wunderbare Einfachheit des hippokratischen Modells ist leicht erkennbar, den Säften zugeordnet sind die gleich wichtigen Eigenschaften heiß, kalt, trocken und feucht.

nen von Knochenbrüchen, dem Einrenken von Gelenken, der Behandlung von Wunden und mit einfachen Operationen spezifischer Art. Die Chirurgie erforderte, wie auch heute noch, eine viel stärkere Konzentration auf einen bestimmten Teil des Körpers. Die hippokratische Medizin insgesamt blieb aber holistisch; ihr Hauptanliegen galt der Interpretation der Veränderungen der Körpersäfte.

Im Gefolge der Viersäftelehre traten zwei miteinander verbundene Leitgedanken auf, die in der westlichen Medizin immer noch nachwirken: Ausgewogenheit und Mäßigung. Die hippokratische Medizin betrachtet Gesundheit als das Ergebnis eines gesunden Gleichgewichts der Säfte. Krankheiten entstehen aus einer Ungleichheit, dem Zuviel oder Zuwenig von einem oder mehreren Säften oder aus deren oft als Verderbnis bezeichnetem unvollkommenem Zustand. Zuweilen wird der Körper gewissermaßen als ein Ofen betrachtet, denn in den hippokratischen Beschreibungen von Krankheiten werden häufig Metaphern des Kochens verwendet. Die Ausscheidungen, die bei Krankheiten zu beobachten sind – Eiter, Schweiß, ausgeworfener Schleim, konzentrierter Urin, Erbrochenes, Durchfall –, gelten als die Produkte natürlicher Verteidigungsmechanismen. Häufig erzeugt oder »kocht« der Körper verdorbene oder überschüssige Säfte, um leichter den Überschuss des schuldigen Safts oder der schuldigen Säfte beseitigen und dadurch das Gleichgewicht wiederherstellen zu können.

Die hippokratischen Ärzte deuteten ihre Beobachtungen am Krankenbett – dass nämlich der Körper Säfte ausscheidet – als Beweise für die *vis medicatrix naturae*, die heilende Kraft der Natur. Diese Lehre wird seit langem in der Medizin diskutiert und wurde im 19. Jahrhundert mit dem Konzept der »selbstbegrenzten Krankheit« kodifiziert. Die leistungsfähige moderne Medizin kann dieses Konzept problemlos integrieren, denn die meisten Krankheiten, gleichgültig ob sie behandelt werden oder nicht, sind nicht von Dauer. Werden beispielsweise die Symptome einer Erkältung behandelt, kann dies zu einer Besserung des Befindens führen, doch bleibt dabei die Ursache unberührt, die der Körper selber in der Regel in der angemessenen Zeit überwindet. Jeder Arzt weiß das, er weiß aber auch, dass seine Verordnung, aufgrund welcher der Patient sich besser fühlt, vielfach als Heilbehandlung missverstanden wird. *Post hoc, ergo propter hoc* (»danach, also deswegen«): Ein großer Teil der klinischen Medizin beruht seit jeher auf diesem logischen Fehlschluss.

Die hippokratischen Ärzte waren bescheidener. Auf der Lehre von der heilenden Kraft der Natur fußten zwei ihrer wichtigsten Aphorismen: »Die natürlichen Kräfte heilen die Krankheiten« und »Was aber die Krankheiten angeht, mache zwei Dinge zu deiner Gewohnheit: zu helfen oder zumindest nicht zu schaden«. Die Therapie richtete sich in erster Linie darauf, dem Körper des Patienten bei der Verrichtung seiner »natürlichen« Arbeit zu helfen. Manche der dabei verwendeten Prozeduren laufen der modernen Einstellung zuwider. So hatte beispielsweise der Aderlass eine rationale Begründung: Eine lokale Entzündung oder ein Fieberschub ließen sich leicht als ein Hinweis darauf interpretieren, dass der Körper zu viel Blut hätte und Hilfe bräuchte, um sich selber dieses Bluts zu entledigen. Der Aderlass ist eine der ältesten und am meisten angewendeten Therapien. Er wird am häufigsten als Beweis für die krude Barbarei der vormodernen Medizin zitiert. Bis in die Mitte des 19. Jahrhunderts blieb er eine Hauptsäule der Therapeutik und wurde von der breiten Masse der praktischen Ärzte nur schrittweise und zögernd aufgegeben. Oft forderten die Patienten, zur Ader gelassen zu werden, und viele erklärten, der Aderlass helfe ihnen. Dies taten sie manchmal so nachdrücklich, dass die Ärzte die Behandlung erst abbrachen, wenn die Patienten einer Ohnmacht nahe waren. Ein weiterer hippokratischer Aphorismus lautete: »Bei extremen Krankheiten ist das kräftigste Heilverfahren, mit der größten Sorgfalt eingehalten, das beste«. Dies wird oft noch drastischer formuliert: »Gefährliche Krankheiten verlangen nach gefährlichen Gegenmitteln«.

Im allgemeinen war die Humoraltherapie jedoch eine Mischung verschiedener Verfahren. Sie umfasste Diäten, körperliche Übungen, Massagen und andere Behandlungsmethoden, die die individuellen Bedürfnisse des jeweiligen Patienten im Blick hatten. Dieser holistische Individualismus bildete das Kernmerkmal der medizinischen Praxis. Obwohl die hippokratischen Schriften Beschreibungen vieler Krankheiten enthalten, denen wir moderne Bezeichnungen geben können, trennen sie doch niemals die Krankheit von dem individuellen Kranken. Wir finden zwar Berichte über Krankheiten, die wir als Schwindsucht (Tuberkulose), Schlaganfall, Malaria, Epilepsie, Hysterie oder Ruhr bezeichnen, aber diese Krankheiten werden als Ereignisse dargestellt, die bestimmte Individuen erleiden. Diese Erfahrungen wurden benutzt, um zu allgemeineren Aussagen über den Umgang mit diesen Krankheiten zu gelangen. Diese wurden dann als Aphorismen oder Weisheitssprüche aus der klinischen Praxis aufgezeichnet. Der humoralpathologische Erklärungsrahmen begünstigte stets die Entwicklung spezifischer Behandlungen für jeweils einzigartige Fälle.

Die hippokratischen Ärzte waren sich auch deutlich der Tatsache bewusst, dass Krankheiten häufig ganze Gemeinschaften erfassen, dass sie Alte und Junge, Reiche und Arme, Dünne und Korpulente, Männer und Frauen treffen, also ungeachtet genau der Merkmale, die sie am Krankenbett bei der Diagnose und bei ihren Therapievorschriften zu berücksichtigen trachteten. In zwei besonders einflussreichen Schriften, dem mehrbändigen Werk über die *Epidemien* sowie in dem *Buch von der Luft, den Wassern und den Gegenden,* formulierten die hippokratischen Autoren Ansichten über diese umfassenderen Aspekte von Krankheiten. Letztere Abhandlung ist im Kern die erste Bekundung eines Umweltbewusstseins in der westlichen Welt, insbesondere im Hinblick auf Gesundheit und Krankheit. Sie bietet Ratschläge, wo man sein Haus errichten solle (auf gut trockengelegtem Boden und geschützt vor kalten Winden), und analysiert die Gesundheit von Siedlungen mit Rücksicht auf Umweltfaktoren, die schädlich auf die Bewohner einwirken. Wie die meisten medizinischen und biologischen Überlegungen, die vor dem späten 19. Jahrhundert angestellt wurden, vertraten die hippokratischen Autoren Ansichten, die man heute, anachronistisch, als »lamarckistisch« bezeichnet. Sie glaubten, Umweltfaktoren könnten die Grundmerkmale von Menschen (Hautfarbe, Körpergestalt usw.) verändern, und diese Veränderungen könnten an die Nachkommen vererbt werden. Dies ist im Hinblick auf die menschliche Formbarkeit eine optimistische Meinung, die vollständig im Einklang steht mit der generellen Zuversicht der hippokratischen Autoren, dass ihre therapeutischen Maßregeln den Patienten viel anzubieten hätten. Doch zugleich sind ihre Schriften voll von Fällen, in denen ihnen die Erfahrung sagte, dass die Krankheit so weit fortgeschritten oder so ernst war, dass sie wenig tun konnten.

Das Weiterwirken der hippokratischen Medizin

Die Viersäftelehre bildete einen theoretischen Rahmen, der hartnäckig bestehen blieb. Noch heute benutzen wir das Konzept der Temperamente in der Alltagsrede (»ein von Natur aus sanguinischer Charakter«, »ein Melancholiker«), und die Heiß-Kalt- und Nass-Trocken-Achsen bestimmen unsere Ansicht von verbreiteten akuten Erkrankungen. Man glaubt, man hole sich eine Erkältung, wenn man ohne Mütze das Haus verlässt oder nasse Füße bekommt. Obwohl Ärzte es besser wissen sollten, stimmen sie der allgemeinen Ansicht über das Wesen und die Behandlung von Erkältungskrankheiten zu, teilweise weil die Patienten es eben von ihnen erwarten, teilweise weil es im Arzt-Patienten-Gespräch Zeit erspart, und teilweise schlicht deswegen, weil Ärzte eben auch nur Menschen sind. In neuerer Zeit hat die darwinistische Medizin die hippokratische *vis medicatrix naturae* benutzt, um die Behandlung von Symptomen in Frage zu stellen. Ist es wirklich gut, den Husten oder die Nasensekretion zu unterdrücken, wenn sie Teil eines natürlich entwickelten Abwehrmechanismus sind?

Ein großer Teil des hippokratischen Erbes wurde dem Abendland durch die Schriften des Galenos überliefert, der das medizinische Denken mehr als tausend Jahre lang beherrschte. Galen betrachtete sich selbst als den Erweiterer und Vollender des von den hippokratischen Ärzten geschaffenen Rahmens. Wir wissen über ihn weit mehr als über jeden anderen Arzt der Antike, denn seine erhaltenen Schriften sind insgesamt umfangreicher als die Werke jedes anderen, auch nichtmedizinischen, antiken Autors und enthalten zudem viele autobiographische Bemerkungen. Er schrieb über alle Aspekte der Medizin: über Diagnose, Therapie, Kuren und die Philosophie der Medizin. Er kodifizierte die hippokratische Humoralpathologie, verstärkte aber auch die experimentelle Dimension der Medizin. Während sich die Hippokratiker mit sorgfältiger Beobachtung begnügten, ging Galen viel weiter und lieferte anatomische und physiologische Darstellungen dessen, was bei Gesundheit oder Krankheit geschieht. Er war sehr von sich überzeugt und meinte offenkundig, dass er zu praktisch allen Fragen die letzte Antwort wüsste. Dass ihm die Ärzte für mehr als tausend Jahre darin zustimmten, ist freilich nicht seine Schuld.

Am Krankenbett leistete Galen die Humoralpathologie bei der Erklärung der Krankheit gute Dienste, aber er entwickelte außerdem eine komplizierte Physiologie zur Erklärung der normalen Funktionen des Körpers, die stärker auf Geister (*pneuma*) als auf Säfte vertraut. Nach seiner Lehre gelangt die Nahrung in den Magen, wo sie in Stoff (*hyle*) verwandelt wird. Dieser Stoff gelangt sodann über die Pfortader in die Leber, wo er sich in Blut verwandelt, das mit natürlichem Pneuma (»Luft«, »Geist«) durchtränkt ist. Ein Teil des Blutes wird dann zum Herzen transportiert. Vom Herzen fließt ein Teil dieses Blutes zu den Lungen zur Versorgung dieses lebenswichtigen Organs. Andere Teile des Blutes aus dem Herzen gehen durch unsichtbare Poren aus der rechten in die linke Herzkammer über, wo sie sich mit vitalem Pneuma vermischen, das aus den Lungen und über diese letztlich aus der Atemluft kommt. Dieses vitale Blut fließt dann über die Aorta und die Halsschlagader in das Gehirn, wo es seine letzte Anreicherung

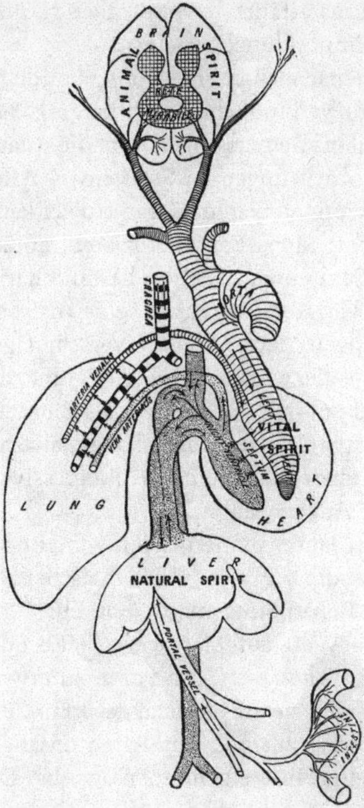

Abb. 3: Galens »physiologisches Modell«. Galen erklärte viele grundlegende physiologische Phänomene damit, dass Leber, Herz und Gehirn an der Bereitung und Verteilung von drei »Geistern«, dem natürlichen, vitalen und animalischen, beteiligt seien.

mit animalischem Pneuma erfährt, bevor es über die Nerven Bewegungen und Empfindungen auslöst.

Dieses Modell der menschlichen Physiologie wurde für mehr als tausend Jahre verbindliche Lehrmeinung. Das Gleiche gilt auch für Galens Bemerkungen über die Anatomie, die häufig aus Beobachtungen an Schweinen, Affen und anderen Tieren gewonnen waren. Daran trug er keine Schuld, denn das Verbot, Menschen zu sezieren, entzog sich seiner Kontrolle. Sein einziger Fehler bestand darin, seinen Lesern nicht zu verraten, woraus er seine anatomischen Kenntnisse gezogen hatte. Dieses Verschweigen führte spätere Verehrer Galens sogar zu der Annahme, der menschliche Körper müsste sich seit der Zeit, als der Meister seine Sektionen vornahm, verändert haben, machte ihn aber schließlich zu einer Zielscheibe der Progressiven, die lieber ihren eigenen Augen trauten.

Mehr als fünfhundert Jahre trennen Galen von Hippokrates, und selbstverständlich gab es in der Zwischenzeit viele andere Ärzte und Behandlungsmethoden. Eine Ärztegruppe in Rom legte Wert auf Massagen, heiße oder kalte Bäder und sonstige Therapien, um Poren zu erweitern oder zu verengen, weil sie als Ursache der Krankheit einen abnormen Spannungszustand der Poren ansahen. Andere Ärzte entwickelten ihre eigenen Ansätze bei Diagnose und Behandlung. Manche dieser Alternativsysteme überlebten die Vorherrschaft Galens, doch Galen beherrschte das Jahrtausend nach seinem Tod weit umfassender als Hippokrates die Jahrhunderte nach dem Ende der Niederschrift der hippokratischen Lehren. Diese Dimensionen verdienen um ihrer selbst willen ein eingehendes Studium, kurz zusammengefasst aber hinterließ die griechische Medizin der Nachwelt drei grundlegende Prinzipien, die die Medizin bis in die Moderne hinein geprägt haben.

Das erste Prinzip ist, wie bereits erwähnt, die Humoralpathologie. Das zweite ist die pflanzliche Basis der meisten Heilmittel. Die Ärzte wandten sich dem Pflanzenreich zu, wenn sie nach Arzneien zur Bekämpfung von Krankheiten suchten. Vor allem ein Arzt brachte die antike Arzneiliste in eine Form, die jahrhundertelang als nützlich erachtet wurde. Dioskorides (um 40–80 n. Chr.) schrieb einen Traktat über die *Materia medica*, der die medizinisch-botanischen Schriften früherer Autoren einbezieht, aber auch vieles enthält, was er selber über Pflanzen und ihre medizinischen Eigenschaften entdeckt hat. Obwohl er auch ein paar tierische Produkte beschreibt, stehen für ihn doch, wie für die meisten anderen Ärzte des Altertums und darüber hinaus, Pflanzen im Vordergrund. Pflanzen liefern Substanzen, die den Schweiß anregen, Erbrechen verursachen oder als Abführmittel wirken, die Patienten in Schlaf versetzen oder Schmerzen lindern. Viele pflanzliche Präparate, wie beispielsweise Opium und Nieswurz, erfreuten sich lange großer Beliebtheit. Anders als der theoretische Kerngehalt der antiken Medizin sind Pflanzen aber in ihrer Verbreitung geographisch beschränkt. Die Ärzte späterer Zeiten mussten die Pflanzen selber in den Wäldern und Hecken ihrer Umgebung suchen. Fand man dort eine bestimmte Pflanze, konnte man sie in andere Länder liefern, wo sie nicht vorkam. So wurden der Import und Export von Heilmitteln in späteren Jahrhunderten zu einem blühenden Handelszweig. Galen nahm einen großen Teil der Arbeiten des Dioskorides in seine eigenen umfangreichen Schriften auf, und Diokorides' *Materia medica* war auch noch in der Renaissancezeit hoch geschätzt.

Der dritte Grundsatz – der säkulare Umgang mit der Krankheit – ist schwerer fassbar, aber gleichwohl genauso wichtig. Religion und Magie beeinflussten auch weiterhin bei Ärzten und bei Laien die Überlegungen zu Gesundheit und Krankheit. Das tun sie auch heute noch. Aber die antiken Heilkundigen, deren Schriften erhalten blieben und geschätzt wurden, waren davon überzeugt, dass sich Krankheiten natürlich erklären ließen. Das heißt nicht, dass die antiken Ärzte unreligiös gewesen wären: Galen vertrat einen Monotheismus, den spätere Kommentatoren zu einer Anerkenntnis jener religiösen Bewegung uminterpretierten, die zu seiner Lebenszeit an Anhängern gewann: das Christentum. Doch wenn Hippokrates oder Galen an das Bett eines Kranken traten, um eine Heilung zu bewirken, verließen sie sich auf ihr eigenes Wissen und ihre eigenen Fertigkeiten. Trotz alledem wurden und werden Krankheiten immer noch häufig in einem religiösen oder moralischen Kontext verstanden, als Folge von Sünden, als Bestrafung oder, wie bei Hiob, als Prüfung: Warum trifft es mich?

Diese Anmerkungen sollen nicht von der Tatsache ablenken, dass sich die antike Medizin in einem Rahmen natürlicher Erklärungen bewegt. Physiologie und Physik sind von derselben griechischen Wurzel abgeleitet, die »Natur« bedeutet. Zu verstehen, wie der gesunde und wie der kranke Körper arbeitet, ist seit jeher das Bestreben neugieriger Ärzte und besorgter Patienten.

2 Die Medizin in der Bibliothek

Das Wunder der Überlieferung

Denkt man einmal unvoreingenommen darüber nach, erscheint es wie ein Wunder, dass überhaupt irgendwelche schriftlichen Aufzeichnungen aus der Antike erhalten geblieben sind. Wie war es möglich, dass wir heute noch die Epen Homers, die Werke von Platon und Aristoteles oder eben auch die (in der unvollständigen modernen Ausgabe zwanzig Bände füllenden) Schriften des Galenos lesen können? Die Manuskripte wurden mühselig von Hand abgeschrieben, auf Pergament oder andere Materialien. Bücher waren seltene und kostbare Gegenstände; sie waren dem zerstörerischen Wirken der Zeit, der Vernichtung in Kriegen, dem natürlichen Verfall oder einfach auch nur dem nachlässigen Umgang mit ihnen ausgesetzt. Bei den noch heute erhaltenen Exemplaren handelt es sich in der Regel um spätere Abschriften, die Jahrhunderte nach der ersten Niederschrift des Textes angefertigt wurden, weil irgendjemand ein eigenes Exemplar des Werkes besitzen wollte. Je mehr ein Text geschätzt wurde, desto größer war prinzipiell die Chance für sein Überleben, einfach schon deswegen, weil von ihm eine größere Anzahl von Abschriften angefertigt wurde. Trotzdem sind weit mehr Schriften aus dem Altertum im Laufe der Zeiten untergegangen als erhalten geblieben. Die größte Bibliothek und das größte Museum der Antike befanden sich in Alexandria. Dort wurden Zehntausende von Papyrusrollen und Pergamenten aufbewahrt. Freilich kam es dabei immer wieder zu Zerstörungen, ab dem 2. Jahrhundert zu anhaltender Vernachlässigung, ehe die Bibliothek im 7. Jahrhundert vollständig vernichtet wurde.

Das, was wir heute noch über das Denken der Menschen wissen, die vor zweitausend und mehr Jahren lebten, verdanken wir deswegen zu großen Teilen der Tätigkeit anonymer Schreiber, die für große Privathaushalte, religiöse Einrichtungen und Herrscherhöfe arbeiteten. Die Werke von Hippokrates, Galen und anderen Ärzten der Antike bildeten bis ins 18. Jahrhundert hinein die formale Grundlage der medizinischen Praxis. Aus diesem Grund verdient die Periode der Wertschätzung, Erhaltung und Kommentierung ihrer Schriften – das heißt das Jahrtausend zwischen der Plünderung Roms durch die Vandalen im Jahr 455 und dem Beginn jener Bewegung, die wir als Renaissance bezeichnen – einen eigenen Platz in der Geschichte der Medizin. Man hat diese Periode als das Zeitalter der »Bibliotheksmedizin« bezeichnet. In diesem Kapitel verzichte ich weitgehend auf Unterscheidungen zwischen dem lateinischen Westen und dem vielsprachigen Osten, der das Byzantinische Reich und den Herrschaftsbereich des Islam umfasste, an dessen medizinischem Leben auch Juden und Christen einen Anteil hatten. In all diesen geographisch und kulturell weit voneinander getrennten Gebieten und Milieus hatten die Ärzte ein Merkmal gemeinsam: die Verehrung für das medizinische Wissen der Griechen und das Verlangen, ihre eigenen medizinischen Theorien und Heilverfahren auf dieses antike Vorbild zu gründen. Selbstverständlich fügten sie dabei selber viel Neues hinzu.

In der Epoche zwischen dem 5. Jahrhundert und der Erfindung der Druckerpresse wurden aber nicht nur wesentliche Beiträge zur Bewahrung und Erweiterung des medizinischen Erbes der Griechen geleistet, auch der Charakter der medizinischen Einrichtungen änderte sich grundlegend. Jener Zeit verdanken wir drei wesentliche Dinge: das Krankenhaus, die Entstehung einer hierarchischen Struktur der Ärzteschaft und die Universitäten, an denen die medizinischen Eliten ausgebildet wurden.

Bewahrung, Weitergabe, Adaptation

Im spätantiken Europa lag die medizinische Versorgung überwiegend in den Händen von Personen, die keinen Zugang zu den Schriften der klassischen Zeit hatten. Örtliche Traditionen, die mit formal nicht festgelegter Krankenversorgung, magisch-religiösen Praktiken und Aberglauben angereichert waren, standen im Vordergrund. Die vorherrschende Weltsicht der christlichen Ära hielt die Menschen dazu an, das Ende der Welt zu erwarten und jedenfalls Krankheiten als Teil einer umfassenden Vorsehung zu begreifen, als Ereignisse, die angesichts der zu erwartenden Freuden der zukünftigen Welt als trivial angesehen werden mussten. Die wenigen schriftkundigen Ärzte verfügten darüber hinaus vielleicht über Zugang zu einigen Schriften aus dem 4. und 5. Jahrhundert, die noch in der klassischen Tradition standen.

Caelius Aurelianus legte (im 4. oder frühen 5. Jahrhundert) eine Kompilation über akute und chronische Krankheiten vor, die hauptsächlich auf den Werken eines früheren Mediziners, des Soranus, beruhte. Die Schrift des Caelius war rational und voller medizinischer Einsichten. Sie wurde über das gesamte Mittelalter als eine zusammenfassende Darstellung von Krankheiten und ihrer Behandlung überliefert. In ihr beschrieb er unter anderem Migräne, das Ischiassyndrom und eine Reihe von häufigen Erkrankungen. Er empfahl überwiegend sanfte Behandlungsformen wie Massage, Bettruhe, Wärme und zur Behandlung des Ischiassyndroms passive Bewegung.

Noch ein paar weitere medizinische Schriften kursierten im lateinischen Westen, darunter einige kleine Schriften des Galenos, einschließlich einiger ihm zu Unrecht zugeschriebener Traktate, und die hippokratischen *Aphorismen* sowie ein paar Schriften anderer antiker Autoren. Das Schwergewicht der Überlieferung hatte sich jedoch nach Osten verlagert, in das Byzantinische Reich mit seiner Hauptstadt Konstantinopel, dem heutigen Istanbul. Viele antike Manuskripte waren bereits in den Orient gelangt, und die Ärzte im christlichen Osten bewahrten, übersetzten und kommentierten sie. Mit dem Aufstieg des Islam verlor Byzanz an Einfluss und Territorium, aber auch die Länder, die nun im islamischen Herrschaftsbereich lagen, trugen Wichtiges zur Weitergabe des medizinischen Korpus der Antike bei.

Die islamische Welt war eine wunderbar polyglotte Kultur. Eine Reihe griechischer Manuskripte blieben nur in Übersetzungen in Sprachen erhalten, die in den vom Islam eroberten Gebieten gesprochen wurden. Das gilt vor allem für Übersetzungen ins Arabische, Persische und Syrische. Im späten 8. Jahrhundert entstand eine große Übersetzungsbewegung, die drei Jahrhunderte lang bestehen blieb. Häufig wird die medizinische Tradition der islamischen Welt des Mittelalters in erster Linie als ein Transportmittel für die Bewahrung und Weitergabe antiker griechischer Texte betrachtet, die zunächst in Sprachen übersetzt wurden, die im Nahen Osten gebräuchlich waren, dann in lateinischer Übersetzung in den Westen gelangten und so schließlich auch in moderne europäische Sprachen übersetzt werden konnten.

Die Medizin der islamischen Welt des Mittelalters war jedoch mehr als nur ein Zwischenspiel. Es existierte eine starke gelehrte medizinische Kultur, die nicht nur die medizinischen Ideen der Griechen für den eigenen Kontext neu formulierte, sondern auch neue Beobachtungen, Heilmittel und Heilverfahren hinzufügte. Zwischen den drei großen Namen der islamischen Medizin, Abu Bakr Muhammad ibn Zakariya ar-Razi (Rhazes, 865–925), Abu Ali al-Husayn ibn Abdullah ibn Sina (Avicenna, 980–1037) und Ibn Ruschd, Abul Walid Muhammad ibn Ahmad ibn Muhammad (Averroes, 1126–1198), liegen mehr als dreihundert Jahre, und diese drei Autoren schufen ein Korpus von Werken, in denen die Ideen der Griechen aufgenommen und später, wiederum angemessen umgeformt, in den Westen weitergegeben wurden. Alle drei waren Männer mit weitgespannten Interessen. Rhazes, der in Persien lebte, schrieb über Alchemie, Musik und Philosophie. Er betrieb eine große medizinische Praxis, und sein diagnostischer Scharfblick war zu seinen Lebzeiten viel gerühmt. Als erster unterschied er die Pocken von den Masern (wobei er die Masern als die schwerere Krankheit betrachtete) und gab auch Reisenden kluge medizinische Ratschläge.

Wie Rhazes war auch Avicenna ein Mann mit vielen Interessen jenseits der Medizin. Sein philosophisches Denken war von Aristoteles geprägt, was sich auch in seinen medizinischen Schriften niederschlug. Seine schriftstellerische Tätigkeit setzte früh ein und erbrachte im Laufe eines abenteuerlichen Lebens mehr als 250 Schriften. Sein *Kanon der Medizin* (*Al-Qanum fi l-tibb*) wurde als der gelehrteste medizinische Traktat aller Zeiten bezeichnet. In den fünf Büchern behandelte Avicenna die gesamte medizinische Theorie, die Behandlungsmethoden und Hygienevorschriften sowie die damit verbundenen chirurgischen und pharmakologischen Aspekte der medizinischen Praxis. Wie Galen war er ein kluger Mann, der nicht zögerte, seine Leser über seine Talente in Kenntnis zu setzen. Im *Kanon* assimilierte er brillant das medizinische Wissen der Griechen mit der medizinischen Praxis der islamischen Welt, stellte es zusammen und präsentierte es in einer logischen, wohlgeordneten Form. So war das Werk ideal als ein komplettes medizinisches Handbuch geeignet, als welches es, in lateinischer Übersetzung, in Europa lange Verwendung fand und heute noch Pflichtlektüre für Schüler des *unani tibb*, der traditionellen islamischen Medizin, ist.

Averroes (Ibn Rushd), der wie Avicenna in aristotelischer Philosophie gut beschlagen war, wirkte in al-Andalus, dem arabischen Spanien, sowie in Marokko. Er veröffentlichte auch Schriften zur Philosophie, Astronomie und Jurisprudenz, und sein wichtigstes medizinisches Werk war enzyklopädisch wie Avicennas *Kanon*. Sein Handbuch, dessen Titel man mit »Buch der Universalien« oder auch »Allgemeingültiges zur Medizin« übersetzen könnte, umfasst in sieben Abschnitten den gesamten Bereich der Medizin – von der Anatomie bis zur Therapie. Generationen von Ärzten im spätmittelalterlichen Europa lernten diese Synthese aus Galen und Aristoteles in lateinischer Übersetzung kennen.

So wie die islamischen Ärzte ein Übersetzungsprogramm antiker Texte in die Sprachen des Nahen Ostens ins Leben gerufen hatten, so setzte auch ein Prozess der Rückübersetzung dieser Werke ins Lateinische ein. Dieser wurde von Constantinus Africanus (gestorben vor 1098) begründet und von vielen anderen Gelehrten fortgesetzt. Die neu verfügbaren lateinischen Texte bildeten die Grundlage für den Lehrplan der frühesten medizinischen Schulen Europas, angefangen mit der um 1080 gegründeten Schule von Salerno in Süditalien. Danach übernahmen die medizinischen Fakultäten der in den folgenden Jahrhunderten entstehenden mittelalterlichen Universitäten diesen Lehrplan.

Hospitäler, Universitäten, Ärzte

Je nachdem, was man als »Hospital« ansieht, lässt sich diese für die Moderne zentrale Institution auf verschiedene Anfänge zurückführen. Die Römer kannten spezifische Gebäude, sogenannte *valetudinaria* (Häuser für Kränkelnde), in denen verwundete und kranke Soldaten untergebracht und verpflegt wurden. Eines dieser Häuser existierte bereits gegen 9 n. Chr., wie man heute weiß. Schon etwas früher brachte man auch Sklaven im Krankheitsfall gemeinsam unter, weil man sich ihres ökonomischen Wertes bewusst war. Diese Gebäude waren pragmatisch entworfen, um eine Reihe von Betten und zugehörige Einrichtungen aufzunehmen. Sie bezogen sich aber im allgemeinen auf einen bestimmten Feldzug oder den Ausbruch einer bestimmten Krankheit, waren also nicht als dauerhafte Einrichtungen im modernen Sinne konzipiert.

Unser Wort »Hospital« hängt – wie das Hotel – mit dem lateinischen Wort *hospes* (»Gastfreund«) zusammen. Die frühen »Hospitäler« des Christentums waren religiöse, von Orden unterhaltene Einrichtungen, die Pilgern, aber auch Bedürftigen, Zuflucht oder Gastfreundschaft boten. Die Funktion dieser Häuser war nicht ausdrücklich eine medizinische, wenngleich zu einem »Hospital« (wie auch zu Klöstern und Nonnenklöstern) Krankenstationen gehören konnten, wo man sich Menschen mit spezifischen medizinischen Bedürfnissen annahm. Diese Häuser waren im Nahen Osten verbreiteter und größer als im lateinischen Westen – Jerusalem besaß ein Hospital mit 550 Betten, davon 200 Krankenbetten –, aber nach und nach verbreiteten sich die Hospitäler über das heutige Europa. Die Gründung vieler berühmter Krankenhäuser Europas reicht bis in das Mittelalter zurück, und ihr Name verrät den religiösen Ursprung. Das gilt beispielsweise für das Hôtel Dieu in Paris, St Bartholomew's Hospital in London oder Sta Maria Novella in Florenz.

Auch in den islamischen Ländern hatten die Hospitäler im 11. Jahrhundert eine beträchtliche Größe und Bedeutung erlangt. Zuweilen besaßen sie spezielle Abteilungen, so etwa Stationen für Wahnsinnige oder für Patienten, die unter Augenkrankheiten litten. Diese Häuser zogen Studenten an, die die medizinische Praxis erlernen wollten. Die islamischen Hospitäler waren wahrscheinlich in einem ausgeprägteren Sinne medizinische Einrichtungen als die christlichen, wurden aber ebenso wie diese aus mildtätigen Stiftungen finanziert und dienten in Zeiten von Epidemien der Ausgrenzung und Quarantäne. Die Gemeindevorstände griffen vor allem bei zwei Krankheiten auf die

Abb. 4: Leitbilder der antiken Medizin. Auf diesem barocken Kupferstich sitzt links Asklepios mit dem Äskulapstab, während neben ihm Galen ein Skelett untersucht.

Hospitäler zurück: bei der Pest und der Lepra. Diese Isolierungshospitäler wurden häufig nach Lazarus, dem armen Mann in Jesu Parabel aus dem Lukasevangelium, dem Hunde die Schwären lecken, als »lazarettos« bezeichnet. Zunächst wurden hier Menschen mit Anzeichen der Lepra isoliert, doch nach der großen Pestepidemie verlegten sich die Häuser auf die Unterbringung von Pestkranken. Keine andere Krankheit zeigt deutlicher als die Lepra die für das Mittelalter typische Verbindung aus Brutalität und Nächstenliebe. Die Diagnose der Lepra, von der oft auch Menschen betroffen waren, deren Krankheiten heute andere Namen haben, führte zur totalen sozialen Ausgrenzung und zum juristischen Tod. In diesem Fall war sogar die Ehescheidung erlaubt. Die Opfer wurden zu einem Leben in Isolation und Bettelei verurteilt und im allgemeinen in einem *lazaretto* kaserniert. Wenn sie sich draußen aufhielten, mussten sie die bekannte Klapper tragen, um Passanten auf die nahende Gefahr einer physischen (und moralischen) Ansteckung aufmerksam zu machen. Zur gleichen Zeit aber lebten einige Mönche, Nonnen und andere religiös motivierte Menschen freiwillig unter diesen Ausgestoßenen und widmeten ihnen ihr Leben.

Die Lepradiagnose war in den meisten Teilen Europas vom 12. bis zum 14. Jahrhundert verbreitet. Der anschließende Niedergang der Lepra mag auch damit zusammenhängen, dass Menschen, die auf engem Raum zusammenleben, der großen Pestepidemie und den darauffolgenden Pestepidemien besonders wehrlos ausgesetzt waren. Gewiss wurde eine Reihe von Leprahospitälern zu Pesthospitälern umgewidmet. Die Gründe für die Isolierung waren die gleichen, nur dass die Pest eine akute Krankheit war, von der einzelne Personen genasen, während die Lepra chronisch verlief und in der Regel mit dem Tod endete. Insbesondere in Südeuropa wurden die Pesthospitäler für andere medizinische Zwecke genutzt, als die Krankheit im Verlauf des 17. Jahrhunderts aus Europa verschwand; im Nahen Osten, wo die Pest weiterhin auftrat, blieben sie als Orte zur Isolierung von Reisenden und anderen umherziehenden Personen im Falle einer drohenden Pest erhalten.

Eine weitere für die Medizin wichtige mittelalterliche Institution war die Universität. Die Ärzteschule des späten 11. Jahrhunderts in Salerno war nichts weiter als eine Ausbildungsstätte für Ärzte. Eine Universität entstand hier erst ein paar Jahrhunderte später. In der Zwischenzeit waren viele Universitäten in ganz Europa gegründet worden: als erste die Universität von Bologna (um 1180), dann jene in Paris (1200), Oxford (1200) und Salamanca (um 1218). Im späten 15. Jahrhundert existierten in ganz Europa, über alle vier Himmelsrichtungen verteilt, nicht weniger als fünfzig derartige Institutionen. Eine Universität hatte mehrere Fakultäten, und die meisten besaßen von Anfang an neben der Artistenfakultät, der philosophischen (die die heutigen Naturwissenschaften einschloss), theologischen und juristischen auch eine medizinische Fakultät oder führten sie schließlich ein. Obgleich viele medizinische Fakultäten sehr klein waren und nur sehr wenige Absolventen hatten, entwickelten sich hier die Medizin als Wissenschaftsdisziplin und das Konzept des an einer Universität ausgebildeten Arztes. Die Universitätsmedizin bildete die Quintessenz der »Bibliotheksmedizin«, denn die Lehre beruhte von Anfang an auf dem Studium der Texte klassischer und islamischer Autoren. Über den Studienerfolg entschieden Disputationen und nicht praktisches Training oder Experimente.

Eine Folge der akademischen Ausbildung der Ärzte war die Formalisierung einer Berufshierarchie innerhalb der Medizin, die sich bis in das 19. Jahrhundert erhielt. Im Gefolge der teuren und langwierigen universitären Ausbildung bildete sich ein Gentleman-Status heraus, den die Ärzte lange Zeit für sich in Anspruch nahmen. (Noch bis vor einem Jahrzehnt war es Fellows des Royal College of Physicians of London nicht erlaubt, Auslagen einzuklagen.) Jene Gentlemen betrachteten körperliche Arbeit als nicht mit ihrer Würde vereinbar. Diese blieb den Chirurgen und Apothekern überlassen – Beschäftigungsnischen, die es zwar schon vorher gab, die aber mit dem Aufkommen der Universitäten formal gefestigt wurden. Chirurgen und Apotheker durchliefen eine Lehre, oder sie erlernten ihr Handwerk, indem sie sich mit einem älteren Berufskollegen zusammentaten. Das war der hippokratische Ausbildungsweg, der aber nun einen niedrigeren sozialen (und in der Regel auch niedrigeren ökonomischen) Status erhielt als jener der Ärzte, die Latein sprachen und über schwierige Stellen bei Galen und Avicenna disputieren konnten.

Es gab gewiss auch ein paar Chirurgen, die Universitäten besucht hatten, und unter Chirurgen und Apothekern auch Menschen von Gelehrsamkeit und Wohlstand. Die Grenzen waren nicht immer fest gezogen, und auf dem Land bereiteten viele Ärzte ihre Heilmittel selbst und nahmen auch chirurgische Operationen vor, arbeiteten also als praktische Ärzte. In den städtischen Gebieten wurden aber die Trennungen eingehalten und von Ärztekollegien oder -gesellschaften oder von der Universitätsfakultät überwacht. Die Chirurgen in den Städten schlossen sich häufig in Gilden zusammen, vergleichbar mit den Körperschaften anderer Handwerker wie Fleischer, Bäcker oder Kerzenzieher. Die Regulierung der Medizin war zwar lückenhaft, aber die Vorstellung von einer dreigeteilten Hierarchie blieb Teil der öffentlichen Wahrnehmung, bis Weiterentwicklungen des medizinischen Wissens den Ärzten neue Handlungsspielräume eröffneten.

Die Entdeckung der Anatomie

Galen und eine Reihe anderer antiker und arabischer Autoren hatten über die inneren Strukturen und Funktionen des menschlichen Körpers eine Menge zu sagen. Seither hatten gelegentliche Autopsien, die meist durchgeführt wurden, wenn eine wichtige Persönlichkeit plötzlich oder unter verdächtigen Umständen verstorben war, manches mehr über das Innere des Körpers verraten. Gleichwohl bedeutete es einen kühnen Schritt, als die medizinischen Fakultäten ab dem 14. Jahrhundert nach und nach öffentliche Schausektionen durchführten. Häufig nahm dabei ein untergeordneter Bediensteter, der Prosektor, die Sektion an der Leiche (häufig eines hingerichteten Verurteilten) vor, während der Professor dazu relevante Passagen aus Galen oder einer anderen Autorität verlas. Diese »Anatomien«, wie die Veranstaltungen insgesamt genannt wurden, fanden während der Wintermonate statt, in denen die Kälte den Prozess der körperlichen Auflösung verlangsamte. Auch die Reihenfolge der Darstellung der inneren Teile richtete sich nach dem Fortschreiten der Verwesung: Zunächst wurden der Unterleib, dann der Thorax, an-

Abb. 5: Galen bei der Arbeit. Diese Illustration aus einer 1565 erschienenen Ausgabe von Galens Schriften lässt keinen Zweifel daran, dass Galen seine anatomischen Kenntnisse teilweise aus dem Sezieren von Schweinen bezog. Wenngleich viele der anwesenden antiken Ärzte recht uninteressiert wirken, vermittelt der Holzschnitt eine gute Vorstellung von einer öffentlichen Sektion in der Zeit der Renaissance.

schließend das Gehirn und schließlich die Gliedmaßen seziert.

Die erste öffentliche Sektion, über die Aufzeichnungen existieren, wurde in Bologna um 1315 von Mondino de' Liuzzi (um 1270–1326) durchgeführt, der auch um 1316 das erste moderne Buch über die Anatomie verfasste. Es sollte noch fast ein Jahrhundert vergehen, bis Sektionen einigermaßen verbreitet waren. Das hing zum einen mit der Schwierigkeit, Leichen zu erhalten, und zum anderen mit der theoretischen Ausrichtung der medizinischen Ausbildung zusammen. Ab dem 15. Jahrhundert beschleunigte sich dann das Tempo; es gab mehr Sektionen und mehr Bücher über die menschliche Anatomie. Die Renaissancekünstler wollten genau wissen, wie der menschliche Körper außen und innen beschaffen war; die anatomischen Studien Leonardo da Vincis (1452–1519) gehören zu den berühmtesten der Epoche, allerdings blieben sie zunächst praktisch unbekannt und übten dementsprechend auch keinen Einfluss aus.

Der bedeutendste der frühen Anatomen war Andreas Vesalius (1514–1564), ein Belgier, der in Padua als Professor für Anatomie und Chirurgie wirkte. Sein berühmtes Werk *De humani corporis fabrica* (1543, »Über das Gefüge des menschlichen Körpers«) ist das erste medizinische Buch, in dem die Abbildungen wichtiger sind als der Text.

Vesalius, der selber eifrig sezierte und nicht bloß Galen las, stellte fest, dass der menschliche Körper nicht in allen Teilen so beschaffen war, wie Galen ihn beschrieben hatte. Andere hatten solche Unstimmigkeiten schon vorher bemerkt, aber Vesalius sprach sie nicht nur – zunächst zögernd, dann bei gewachsenem Vertrauen in seine Einsichten, auch deutlicher – aus, sondern zeigte sie in den prachtvollen Tafeln, die er seinem großen Buch beifügte. Beispielsweise sind die muskulären Wände zwischen der rechten und linken Seite des Herzens dicht. Durch sie kann, anders als die Physiologie des Galenos postulierte, kein Blut dringen. Die menschliche Leber verfügt nicht über die vier oder fünf Lappen, die Galen ihr (ausgehend von der Sezierung von Schweinen und anderen Tieren) zugeschrieben hatte. Als erster beschrieb Vesalius zutreffend das Brustbein, den Uterus und viele andere anatomische Strukturen.

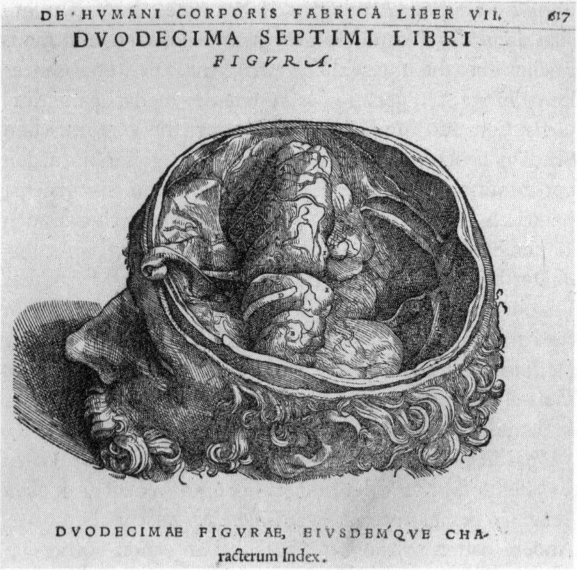

Abb. 6: Neben den berühmten Darstellungen des Muskelaufbaus männlicher Figuren finden sich in Vesalius' *Fabrica* von 1543 noch Abbildungen weiterer Teile des menschlichen Körpers, immer dramatisch inszeniert.

Wir unterteilen die Geschichte der Anatomie in die Zeit vor und die Zeit nach Vesalius, der gewissermaßen die Schnittstelle bildet. Damit wird die unmittelbare Wirkung seines Buchs wahrscheinlich übertrieben, denn er selber verließ kurz nach der Veröffentlichung des Buches Padua, wandte sich von der Anatomie ab und trat eine lukrative Stelle am spanischen Hof an. Gleichwohl war in der Mitte des 16. Jahrhunderts die anatomische Revolution in Gang gekommen und das Verlangen gewachsen, selber zu sehen, statt den antiken Autoren blind zu glauben.

Für ungefähr dreihundert Jahre war die Anatomie die Königin der medizinischen Wissensdisziplinen, und kein Zweig der medizinischen Wissenschaft profitierte mehr von der Druckerpresse, diesem Katalysator des gesellschaftlichen und intellektuellen Wandels. Ein deutscher Handwerker, Johannes Gutenberg (um 1400–1468), führte gegen 1439 in Europa den Druck mit beweglichen Lettern ein (eine Technik, die die Chinesen bereits besaßen). Die Auswirkungen auf alle Bereiche des menschlichen Lebens waren gewaltig. Unter den frühen Inkunabeln (Bücher, die vor 1501 gedruckt wurden) sind medizinische Bücher stark vertreten, auch wenn zunächst Bibeln, theologische Werke und Ausgaben und Übersetzungen antiker Autoren im Vordergrund standen. Bücher wurden zu Massenprodukten, und auch einfache Ärzte konnten sich nun ein paar Bücher leisten.

Neben den Texten konnten Bücher auch Holzschnitt- oder Kupferstichillustrationen enthalten. Man konnte also nicht nur über den menschlichen Körper lesen, sondern seine Bestandteile auch auf der Buchseite betrachten. Vesalius' *De fabrica* war nicht der erste illustrierte Text zur Anatomie, aber das Buch setzte sowohl durch die dramatisch-künstlerischen Darstellungen wie auch durch die anatomische Akkuratesse Maßstäbe. In den folgenden Jahrhunderten bringen die Anatomiebücher ein tiefes Paradox der frühmodernen Medizin zum Vorschein: Die Anatomie war ein Aspekt der Medizin, der in der Öffentlichkeit auf Ablehnung stieß. Das Sezieren wurde als mo-

Abb. 7: Dieser viktorianische Stich eines Holzschnitts von Stradanus (um 1580) zeigt viele Arbeitsgänge der Buchproduktion, unter anderem das Setzen, das Einfärben, den Druck der Bögen sowie das Korrekturlesen.

ralisch verwerflich, ekelerregend und grausam empfunden. Es entstand schließlich sogar ein illegaler Handel mit Leichen, die in der Regel durch Grabräuberei, manchmal aber auch durch Mord beschafft wurden. Vor der Verbesserung der Konservierungsmethoden waren Sektionen mit Gestank verbunden, aber auch heute noch sind Medizinstudenten leicht an dem süßlichen Geruch nach Formaldehyd zu identifizieren, der sich in der Kleidung und der Haut festsetzt.

Das Sezieren war also schlecht für das öffentliche Ansehen der Medizin. Die Anatomiebücher waren aber gleichzeitig aufwendige, teure, schön produzierte und illustrierte Werke, ja, die aufwendigsten, teuersten und schönsten richteten sich direkt an Kenner und Liebhaber. Für die Medizinstudenten gab es kleine Textbücher mit rohen Illustrationen zu erschwinglichem Preis. Keine andere medizinische Disziplin verband in gleicher Weise Kunst und Wissenschaft oder Wissen und Präsentation. Zunehmend nahmen auch angehende Ärzte Sektionen vor, weil die Neugier die Oberhand über die Gentleman-Attitüde gewann. Viele bedeutende frühmoderne Anatomen wie Gabriele Fallopio (1532–1562), Fabricius ab Aquapendente (1537–1619), Frederik Ruysch (1638–1731), William Cheselden (1688–1752) oder William Hunter (1718–1783) waren der Chirurgie oder der Geburtshilfe verbunden, aber auch neugierige Ärzte wie William Harvey (1578–1657) beteiligten sich mit eigener Hand an der anatomischen Forschung. Seine bedeutende Abhandlung, in der er die Entdeckung des Blutkreislaufs verkündete (1628), betitelte Harvey als »eine anatomische Übung« *de motu cordis* (»Über die Bewegung des Herzens«).

Angesichts des Charakters der medizinischen (auch der chirurgischen) Tätigkeit in jener Periode erwarben die Ärzte mehr anatomische Kenntnisse, als sie tatsächlich nutzen konnten. Aber die Teile des Körpers waren greifbar, und man konnte sich leichter über eine anatomische Struktur verständigen als über irgendeine theoretische Spitzfindigkeit. Außerdem war die Anatomie eine Disziplin, in der der Fortschritt deutlich erkennbar war. Immer wieder wurden neue Teile beschrieben, so die Darmlymphgefäße, die Venenklappen oder der Circulus arteriosus cerebri, die im Englischen nach Thomas Willis (1621–1675) benannte Arterienverbindung an der Basis des Gehirns (»circle of Willis«). Im frühen 17. Jahrhundert beugten sich nur noch wenige Anatomen der Autorität Galens: In der »Schlacht der Bücher«, jener großen, alle Bereiche der Naturerkenntnis erfassenden Debatte um die Frage, ob die antiken Autoren oder die modernen mehr über die von uns bewohnte Welt wüssten, war die Anatomie eines der Gebiete, in dem die Modernen einen unbestreitbaren Sieg errangen.

Chemie, Physik, klinische Medizin

Die Befreiung von der Autorität der antiken Autoren, die aus der Verfügung resultierte, selber hinzuschauen, betraf viele Aspekte der Medizin und der Naturphilosophie. Die Renaissance fiel mit jener Epoche zusammen, die spätere Historiker als die Epoche der wissenschaftlichen Revolution bezeichneten. Sie beeinflusste die Medizin wie auch die Astronomie, die Kosmologie, die Physik und weitere Naturwissenschaften. Den größten Einfluss auf die Medizin erlangten die beiden Naturwissenschaften Chemie und Physik.

Die chemische Richtung innerhalb der Medizin hatte ihre Ursprünge bei dem exzentrischen Schweizer Genie Paracelsus (um 1493–1541). Unter diesem Namen war er bei seinen Anhängern bekannt; sein voller Name klang ziemlich hochtrabend: Theophrastus Philippus Aureolus Bombastus von Hohenheim. Dass sein angenommener Name »größer als Celsus« – ein lateinischer Autor, der ein einflussreiches medizinisches Kompendium verfasst hatte – bedeuten sollte, ist wahrscheinlich ein Mythos, passt aber gut zu einem der beiden auffälligen und einflussreichen Merkmale seiner bewegten Laufbahn. Er bestand leidenschaftlich darauf, dass die Medizin (und die Naturwissenschaft) durch die Modernen erneut auf erste Prinzipien gegründet werden müssten. Für die Weisheiten von Hippokrates und Galen hatte er wenig Achtung, ja während eines (kurzen) Engagements als Professor in Basel verbrannte er in einem Akt der Provokation ein Buch des letzteren. Obwohl Paracelsus wahrscheinlich niemals zum neu aufgekommenen Protestantismus übertrat, war er doch tief von der intellektuellen und emotionalen Unruhe beeinflusst, die Martin Luthers Bewegung in seiner Jugend ausgelöst hatte. Er erklärte wiederholt, dass Wissen in der Natur und nicht in den Büchern zu finden sei – was ihn nicht davon abhielt, selber Dutzende von Büchern zu schreiben, von denen viele schon zu seinen Lebzeiten gedruckt wurden. Vielleicht meinte er eigentlich, wahres Wissen sei nur in *seinen* Büchern, nicht in denen seiner Vorgänger zu finden.

Sein zweiter dauerhafter Beitrag war die Betonung der Wichtigkeit der Chemie für das Verständnis der Arbeitsweise des menschlichen Körpers und als Quelle für Heilmittel gegen Krankheiten. Bei seinen Behandlungen verwendete er neben den traditionellen pflanzlichen Heilmitteln in gleichem Ausmaß Metalle wie Quecksilber und Arsen. Seine Anhänger, die Vertreter der Iatrochemie (wörtlich übersetzt: Ärztechemie), setzten dies fort. Paracelsus' Auffassung von der Krankheit als etwas dem Körper von außen Zukommendes wird zuweilen recht unzutreffend als ein Vorläufer der Keimtheorie betrachtet, beruht aber tatsächlich auf seinen mystischen, alchemistischen Vorstellungen über die Wirkungsweise der Natur. Über das Denken dieses seltsamen Mannes, der zu seinen

Lebzeiten und auch später noch Kontroversen hervorrief, gäbe es noch vieles zu sagen. Seine Anhängerschaft, die über ein Jahrhundert lang sehr groß war, versuchte, die Theorie und Praxis der Medizin in chemischen Begriffen neu zu formulieren.

Eine weitere, etwas spätere Gruppe von Ärzten verschrieb sich der Iatrophysik. Im Gefolge der Triumphe in Astronomie und Physik begriffen sie den Körper als eine wunderbare mechanische Maschine. Während die Vertreter der Iatrochemie die Verdauung als einen chemischen Prozess ansahen, interpretierten die Iatrophysiker sie als einen mechanischen Mahlvorgang. Sie analysierten die Muskelbewegungen, berechneten die Kräfte, die bei der Kontraktion entstanden, und versuchten, wo immer es möglich war, die menschliche Physiologie mathematisch darzustellen. Ihre Helden waren Galilei und später Newton – Männer, die das Weltmodell des Aristoteles durch ein viel erklärungsmächtigeres ersetzt hatten, in dem Materie und Kräfte die bestimmenden und messbaren Elemente waren. Newtons Lehre von der Schwerkraft als einer Kraft, die sich durch das gesamte Universum erstreckt und so viel zu erklären vermag, bildete das gesamte 18. Jahrhundert hindurch einen Ansporn für Ärzte, die in der Medizin nach ähnlichen Prinzipien suchten.

Das neue Verhältnis zur eigenen Forschung leitete innerhalb der Medizin (und der Naturwissenschaft) eine sehr fruchtbare Epoche ein. Es gab eine Überfülle an Theorien und großen Optimismus. Der Ansatz in Bezug auf das Verständnis von Gesundheit und Krankheit änderte sich dramatisch, weniger eindrucksvoll waren allerdings die Veränderungen in der Behandlung von Patienten. Neu waren freilich überwiegend die Chemikalien, die Paracelsus und seine Anhänger eingeführt hatten. Angesichts der weiten Verbreitung der Syphilis erhielt Quecksilber einen wichtigen Platz in der medizinischen Praxis. Die Syphilis hatte in den 1490er Jahren Europa im Sturm erobert. Da

Abb. 8: Den Unterschied von Arzt und Chirurg in ihrem gesellschaftlichen Status und in ihren medizinischen Aufgaben verdeutlicht dieser Kupferstich von 1646. Links reicht der formell gekleidete Arzt dem Kranken im Bett eine Arznei; rechts überwacht er den Chirurgen im Handwerkergewand, der eine Beinamputation vornimmt.

sie zuerst in Neapel auftrat, wo sich spanische Söldner aufhielten, die mit Kolumbus in der Neuen Welt gewesen waren, war die Annahme, dass es sich um eine neue, mit Kolumbus eingeschleppte Krankheit handelte, eine natürliche Schlussfolgerung. Die Historiker debattieren immer noch über dieses Szenario, jedenfalls aber bleibt die Tatsache bestehen, dass sich die Syphilis im späten 15. und frühen 16. Jahrhundert wie eine neue Krankheit verhielt, was die Stärke des Auftretens und die Geschwindigkeit der Verbreitung betraf. Wegen der Ausschläge, die die Syphilis verursachte, wurde Quecksilber, ein Standardmittel zur Behandlung von Hautkrankheiten, eingesetzt. Das Mittel schien effektiv die Symptome zu unterdrücken, auch wenn es auf die Leidenden toxisch wirkte, starken Speichelfluss, Zahnausfall und weitere Nebenwirkungen verursachte. Der intensive Metallgeruch des Atems ließ sich nicht leicht verbergen. Obwohl Päpste, Künstler und Ärzte an der Krankheit litten, nahm man bereits frühzeitig an, dass sie durch Geschlechtsverkehr übertragbar sei, weil die Schädigungen an den Geschlechtsorganen in der Regel das erste Anzeichen der Krankheit waren. Jene, die es sich leisten konnten, griffen daher mit Vorliebe auf die neu aus Südamerika eingeführte Rinde des Guajak-Baums als Heilmittel zurück. Dadurch verstärkte sich der Eindruck, dass Syphilis eine Krankheit aus der Neuen Welt sei, weil man annahm, Gott lasse Heilmittel in der Nähe der Ursprungsorte der Krankheiten wachsen, um die Menschen zur Suche nach diesen Heilmitteln zu ermutigen.

Trotz all der neuen Krankheiten und neuen Heilmittel wäre Hippokrates über die meisten Verordnungen der Ärzte an Patienten nicht erstaunt gewesen. Der Aderlass,

Brech- und Abführmittel sowie das ganze Arsenal der mit der Humoralpathologie verbundenen Maßnahmen blieben die Hauptstütze der Ärzte. Auch als Galens Stern sank, strahlte der des Hippokrates noch hell. Unter den Klinikern des 17. Jahrhunderts verdient Thomas Sydenham (1624–1689) immer noch alle Hochachtung. Der »englische Hippokrates« wollte die Medizin zu der empirischen Kunst zurückführen, die er mit dem Vater der Medizin verband. Die Medizin, schrieb er, solle sich mit der sorgfältigen klinischen Beschreibung von Krankheiten befassen. (Er hinterließ unter anderem anschauliche Beschreibungen der Gicht, der Hysterie und der Pocken.) Aufgrund der Sicherheit einer korrekten Krankheitsdiagnose ließen sich Heilmittel empirisch suchen. Er setzte sich außerdem für die Einführung eines weiteren Heilmittels aus Südamerika, des (zunächst wegen der Herkunft als peruanische oder Jesuitenrinde bezeichneten) Chinins zur Behandlung von Wechselfieber ein.

Sydenhams Erfahrungen mit der peruanischen Rinde veränderten das Konzept von Krankheit grundlegend. Obwohl er selber noch mit der hippokratischen Viersäftelehre arbeitete, schien Chinin das Wechselfieber vollständig zu beseitigen. Es handelte sich offenbar um ein *specificum*, welches bei allen Patienten, die diese Krankheit hatten, dramatische Heilerfolge erzielte. Das bestärkte ihn in dem Glauben, die Krankheiten ließen sich klassifizieren, so wie Botaniker Pflanzen klassifizieren, und dass die Unterschiede der Krankheit und ihrer Symptome bei einzelnen Patienten zufälliger Natur seien, nicht anders als die Abweichungen im Aussehen zwischen einzelnen Veilchen oder anderen Blumen. Eine berühmte Stelle aus seinen Schriften lautet:

»Die Natur ist in der Hervorbringung von Krankheiten gleichförmig und beständig, und zwar dermaßen, dass die gleichen Krankheiten bei verschiedenen Personen überwiegend die gleichen Symptome hervorrufen; und eben dieselben Phänomene, die man bei der Krankheit eines Sokrates fände, finden sich auch bei der Krankheit eines Einfältigen.«

Sydenhams Bemerkung kann als ein Wendepunkt im klinischen Denken begriffen werden. Sie ermutigte die Ärzte der nachfolgenden Generation, die Krankheiten zu klassifizieren, und wichtiger noch: Mit ihr begann der moderne Prozess der Unterscheidung zwischen der Krankheit und dem an der Krankheit leidenden Menschen. Es ging nun darum, die universellen Merkmale jeder einzelnen Krankheit zu bestimmen, um daraus eine spezielle, rational begründete Therapie zu entwickeln. Ironischerweise sah Sydenham in sich nichts anderes als einen guten Hippokratiker. Doch seine Überlegungen hatten das Dilemma der modernen Medizin formuliert: Wie lässt sich der Glaube an die einmalige Individualität jedes einzelnen Patienten bewahren, während man gleichzeitig die Entdeckungen einer wissenschaftlich begründeten Diagnose und Therapie allgemein anwendet?

Aufgeklärte Medizin?

Sydenham genoss in dem Jahrhundert nach seinem Tod eine hohe Reputation. Seine Werke wurden ursprünglich in Latein veröffentlicht, das immer noch die Lingua franca war, es erschienen aber auch viele Übersetzungen ins Englische, Französische, Deutsche, Spanische und in andere europäische Sprachen. Der berühmteste Lehrer der Medizin im 18. Jahrhundert, Hermann Boerhaave (1668–1738), soll in seinen Vorlesungen niemals Sydenhams Namen erwähnt haben, ohne gleichzeitig ehrfürchtig den Hut zu ziehen. Boerhaave war mehr als vierzig Jahre lang der führende Gelehrte an der Universität von Leiden. Seine Schüler kamen aus ganz Europa und beeinflussten die Erneuerung der medizinischen Ausbildung in Edinburgh, Wien, Göttingen, Genf und anderswo.

In intellektueller Hinsicht war Boerhaave ein Eklektiker, der seine medizinischen Ideen aus der Chemie, der Physik, der Botanik und anderen Disziplinen ableitete. Darüber hinaus aber besaß er einen stark entwickelten gesunden Menschenverstand und diagnostische Treffsicherheit. Seine Vorlesungen waren so berühmt wie sein Unterricht am Krankenbett. Daneben unterhielt er eine große Privatpraxis, zu der auch, wie es damals noch üblich war, eine umfangreiche Konsultationskorrespondenz mit Ärzten, die sich über Diagnose oder Behandlung nicht schlüssig waren, und mit besorgten Patienten gehörte. Gleichermaßen wichtig war, dass Boerhaave eine Reihe von Handbüchern über Chemie, *materia medica* (d.h. Therapeutika) und Medizin vorlegte und überdies zahlreiche Abhandlungen zu Anatomie, Botanik und Geschlechtskrankheiten. Er beeinflusste zwei oder drei Generationen von Ärzten, auch wenn seine Stärke mehr in der Synthese als in grundlegenden neuen Entdeckungen lag. Obwohl ihn die Natur faszinierte (insbesondere sein geliebter botanischer Garten), blieb er doch in der gelehrten Tradition der Bibliotheksmedizin verwurzelt: Hippokrates war für ihn immer noch eine entscheidende Größe, und er schaute, wenn es um

Abb. 9: Hermann Boerhaave war der berühmteste Lehrer der Medizin in seiner Zeit. Zwar unterrichtete er viele angehende Ärzte, hielt aber wohl nur selten Vorlesungen vor so großen Versammlungen.

Tatsachen und medizinische Ansätze ging, trotz allem Vertrauen in den Fortschritt, den das vergangene Jahrhundert gebracht hatte, immer noch in die Vergangenheit zurück.

Zu den Schülern Boerhaaves gehörte der berühmteste Naturforscher des 18. Jahrhunderts, Carl von Linné (1707–1778). Linné verwandelte die Klassifikation in eine avantgardistische Wissenschaft, indem er das System der binomischen Nomenklatur einführte, nach dem Organismen nach Gattung (*genus*) und Art (*spezies*) bestimmt werden. Linné widmete sein Leben der Ordnung der Objekte der natürlichen Welt, insbesondere der Pflanzen. Er betrachtete sich selbst als einen zweiten Adam, hatte doch der erste im Garten Eden die Aufgabe erhalten, Tieren und Pflanzen Namen zu geben. Uppsala, wo Linné als Professor der Medizin wirkte, war kein Eden, deswegen leitete er eine Reihe von Expeditionen seiner Schüler in viele exotische Weltregionen in die Wege, von denen sie, so sie überlebten, pflichtschuldig Pflanzen aller Art mitbrachten, die er nun klassifizieren konnte. Linné veröffentlichte auch eine Klassifizierung von Krankheiten, aber seine Nosologie war weniger einflussreich als andere des Aufklärungszeitalters – wie die von François Boissier de la Croix de Sauvages (1706–1767) aus Montpellier, von William Cullen (1710–1790) aus Edinburgh oder von Erasmus Darwin (1731–1802), dem Dichter, Botaniker, Erfinder und Arzt, der in Lichfield und an anderen Orten in den englischen Midlands praktizierte. All diese Nosologien waren komplexe Werke, die sich in erster Linie mit dem befassten, was wir Symptome nennen würden, nicht aber mit Anzeichen oder Ursachen. Das Fieber galt nun als eine eigenständige Krankheit. Bezeichnender noch war, dass auch der

Schmerz gründlich nach seinen Merkmalen, seiner Stärke und dem Ort seines Auftretens klassifiziert wurde.

Diese Kartierungen der Krankheit zeigten einen hervorstechenden Aspekt der Medizin der Aufklärung: Sie war am Patienten orientiert und setzte damit die hippokratische Tradition fort. Die Ärzte vertrauten in ihrer Diagnose auf die Aussagen der Patienten über ihre Empfindungen und über die Symptome. Innerhalb dieses Szenarios, so beschreiben es die Historiker im allgemeinen, dominierten die Patienten. Doch kann man das auch übertreiben, so wie es auch möglich ist, die seit dem 19. Jahrhundert herrschende Medizin als universell von Ärzten bestimmt darzustellen. Vor der Entwicklung der diagnostischen Methoden der Moderne wurde Patienten jedenfalls im Gespräch mit dem Arzt nicht mitgeteilt, dass ihr Blutdruck oder der Blutzuckerwert zu hoch (oder zu niedrig) sei oder dass das Röntgenbild einen verdächtigen Schatten zeige. Im Ancien Régime sprachen vielmehr die Patienten und ihre Ärzte die gleiche Sprache und hatten ähnliche Vorstellungen von der Krankheit und ihren Ursachen. Auch wenn sie mit einer schlechten oder einer günstigen Prognose entlassen wurden, diese bezog sich immer direkt auf die Symptome, wegen derer sie um medizinische Hilfe nachgesucht hatten.

Zwei weitere Aspekte der medizinischen Praxis der Aufklärung verdienen, erwähnt zu werden. Erstens handelte es sich um eine Zeit eines eindrucksvollen medizinischen Unternehmertums. Die Gesundheit war eine bedeutende Angelegenheit, und die Menschen waren bereit, dafür zu bezahlen. Das gab ehrgeizigen (oder verschlagenen) Heilern aller Couleur die Möglichkeit, sich ihre Nische auf dem medizinischen Markt zu suchen. Es war nicht immer leicht, den Unterschied zwischen Quacksalbern und regulären Ärzten klar zu bestimmen, da auch viele sogenannte Quacksalber meist im Rahmen der kulturellen Kosmologie der Medizin tätig waren und andererseits viele Ärzte für ihre Behandlungsmethoden Reklame machten, geheime Heilmittel anwandten und ihren nicht immer zweifelsfreien Ruf pflegten, um Aufmerksamkeit zu erregen und Patienten anzulocken. Die Komplementärmedizin der Gegenwart, die üblicherweise auf alternativen Systemen der Kausalerklärung von Krankheit und Gesundheit beruht, fand in früheren Jahrhunderten nur geringen Widerhall. Einzelne Quacksalber mochten ihre eigenwilligen Ansichten über die Ursachen von Krankheit oder über die beste Behandlungsmethode haben, aber genauso häufig nahmen sie auch wichtige historische Persönlichkeiten der Medizin für sich in Anspruch: In den Anzeigen von nicht approbierten Heilern aus jener Zeit treten immer wieder Hippokrates und Galen auf. Paracelsus ist eine bemerkenswerte Ausnahme, weil er nicht nur die Theorien, sondern die gesamte Tradition der Medizin verwarf. Sein Denken war genuin unhistorisch; die meisten Quacksalber jedoch vertrauten lieber auf das Bekannte und Traditionelle, das sie bei ihren Versprechungen oder in der Anpreisung ihrer Waren und Dienstleistungen verschlagen zu ihrem Vorteil wandten.

Das zweite auffällige Merkmal der Medizin der Aufklärung war ihr geschäftiger Optimismus. Es war ein Zeitalter der Projekte und der Institutionen. Mit großer Regelmäßigkeit entstanden neue Hospitäler. In ganz Europa wurden Versuche unternommen, die medizinische Versorgung der Soldaten zu reformieren, und eine medizinisch orientierte Philanthropie war allgemein verbreitet. Der Fortschritt, auch in der Medizin, galt als sicher, und sowohl Ärzte als auch Patienten waren davon überzeugt, dass die Medizin in der Zukunft noch mehr würde leisten können als in der Vergangenheit und der Gegenwart. Gleichzeitig aber blickten gelehrte Ärzte und Chirurgen immer noch auf Hippokrates und Sydenham, nicht nur um sich von ihnen inspirieren zu lassen, sondern auch um Informationen und Fallbeispiele zu finden. Für Boerhaave oder Cullen war die Geschichte der Medizin nicht bloß von antiquarischem Interesse, sondern sie war eine Quelle lebendiger Weisheit. Während des 19. Jahrhunderts wurden die alten Ärzte in die Geschichte verwiesen, als eine neue Ärztegeneration sich anschickte, in die Zukunft zu blicken.

3 Die Medizin im Hospital

Vive la France

Der Begriff »Hospitalmedizin« hat für die Medizinhistoriker eine besondere Bedeutung angenommen. Hospitäler gibt es seit dem frühen Mittelalter, und die Medizin im Sinne einer medizinischen Praxis hat sogar eine noch längere Tradition. Trotzdem ist »Hospitalmedizin« ein gut geeignetes Kürzel für die Werte, die in der Medizingemeinschaft Frankreichs, und insbesondere in Paris, zwischen den beiden Revolutionen von 1789 und 1848 in Blüte standen. Dieser Zeitraum bildet eine eigene Epoche, in der Paris zum Mittelpunkt der medizinischen Welt wurde. Das direkte Zentrum bildeten die Pariser Hospitäler. Die Hilfsmittel und Einstellungen, die dort die medizinische Ausbildung und Praxis bestimmten, fanden Widerhall in der gesamten westlichen Welt.

Diese französische Epoche wird manchmal als eine »Revolution in der Medizin« beschrieben, was angemessen ist, weil sie aus einer politischen Revolution hervorging. Historiker, die die Ausbildungsstrukturen, medizinischen Prozeduren und das Arzt-Patienten-Verhältnis in allen Einzelheiten minutiös untersucht haben, fanden zwar genug Beweise dafür, dass es sich eher um eine Evolution als eine Revolution innerhalb der Medizin gehandelt hat, dennoch bleibt die Tatsache bestehen, dass die Ärzte in den 1840er Jahren, verglichen mit ihren Vorgängern ein paar Generationen zuvor, neue Zuversicht entwickelt hatten, und das zu großen Teilen unter dem Einfluss von Paris.

Wie viele Revolutionen hatte auch die Pariser medizinische Revolution bescheidene Anfänge, in den turbulenten Tagen der Terreur hätte man ihre Entwicklung kaum vorhersagen können. Als die politischen und militärischen Kräfte der Revolution die Macht errangen, wurden die medizinischen Institutionen mit ihren Ärzten, Chirurgen, Hospitälern, alten Akademien und Fakultäten zusammen mit den übrigen Resten des Ancien Régime hinweggefegt. Zu Beginn der 1790er Jahre schien es ein paar berauschende Jahre lang das Beste zu sein, wenn jeder sein eigener Arzt war, und die Revolutionsführer versprachen, dass mit der Abschaffung der Privilegien und der Korruption, die mit den alten Hierarchien und Ungleichheiten verbunden waren, sich notwendigermaßen auch universelle Gesundheit einstellen würde.

Dieser Optimismus hielt nicht lange an. Die Krankheiten verschwanden nicht, und die revolutionäre Regierung erkannte bald, dass ihre Soldaten oder Seeleute, wenn sie erkrankt oder verwundet waren, medizinische Hilfe benötigten. Die Armee brauchte Ärzte, und zwar insbesondere Ärzte, die zugleich Mediziner und Chirurgen waren. Inmitten der Feldzüge und Schlachten war die alte Trennung hinderlich. Im Jahr 1794 wurden deshalb drei Ärzteschulen wiedereröffnet, hauptsächlich mit dem Ziel, Männer für die militärischen Bedürfnisse der Republik auszubilden.

Glücklicherweise war die Schlüsselfigur in der von der Nationalversammlung eingesetzten Kommission, die über die medizinischen Erfordernisse des neuen Zeitalters befinden sollte, ein Arzt und Chemiker, der mit den Zielen der Revolution sympathisierte. Antoine Fourcroy (1755–1809) hatte sich einen Namen als Chemiker gemacht und lehrte als Professor für Chemie an der neuen, von ihm mitbegründeten Pariser Schule. Politisch klug und aufrichtig wohlmeinend überwachte er die Planung für die Schulen in Paris, Straßburg und Montpellier. Der Kommissionsbericht, der zu großen Teilen seine Handschrift trägt, anerkannte die militärischen Erfordernisse der damals herrschenden politischen Lage und stellte drei Aspekte der neuen medizinischen Ausbildung in den Vordergrund. Zunächst einmal sollte die Ausbildung vom ersten Tag an eminent praktisch sein. Die Studenten sollten, so lautete das zündende Schlagwort, »wenig lesen, viel sehen, viel tun«. Keine Theorie, aber viel Praxis hieß die Parole. Und zweitens sollte die medizinische Ausbildung im Krankenhaus zentralisiert werden, wo die Möglichkeiten, praktische Erfahrungen zu sammeln, viel größer und eindrücklicher waren als im Vorlesungssaal oder in einer Praxis außerhalb des Krankenhauses. Drittens schließlich sollten die Absolventen der Schulen sowohl in Medizin als auch in Chirurgie ausgebildet werden. Das bedeutete im Ergebnis die Einführung des chirurgischen Denkens in die eigentliche Medizin. Während sich Ärzte traditionell mit dem gesamten Körper befassten, mit Säften, Geistern oder anderen verallgemeinernden Konzeptionen von Krankheit, hatten sich Chirurgen stets lokalen Problemen zugewandt: Abszessen, Knochenbrüchen, spezifischen Abweichungen, die einen entschiedenen Eingriff an einer genau bestimmten Stelle verlangten.

Mit dem Aufblühen der französischen Ärzteschulen erlangte die Läsion (frz. *lésion* ›Schädigung‹) medizinische Bedeutung. Eine Läsion ist eine von einer Krankheit verursachte pathologische Veränderung. Man konnte sie sehen, entweder mit oder auch ohne Mikroskop. Die Ärzte lern-

Abb. 10: Das große Gebäude des Hospitals Hôtel Dieu in Paris zu Beginn des 19. Jahrhunderts, die Stätte vieler medizinischer Innovationen. Die beiden Figuren links im Bild tragen offenbar einen Sarg. Der Karren, der vor dem Eingang hält, steht vielleicht bereit, Leichen zur Beerdigung fortzuschaffen.

ten, chirurgisch zu denken, und die festen Bestandteile des Körpers kamen innerhalb der Medizin zur Geltung.

Die französische Hospitalmedizin ruhte auf drei Säulen, von denen zwar keine gänzlich neu war, die aber zusammengenommen eine neue Sichtweise auf die Krankheit begründeten. Diese drei Säulen waren die physische Diagnose, die Korrelation von Klinik und Pathologie sowie der Einsatz einer großen Zahl von Fällen, um diagnostische Kategorien zu entwickeln und Therapien zu bewerten.

Mit vielen Modifikationen sind diese Kriterien bis heute so grundlegend geblieben wie die zentrale Stellung des Krankenhauses.

Physische Diagnose: die neue Intimität

Die Begegnung mit dem Arzt hat ihre eigene Etikette und Intimität. Ärzte und Ärztinnen können die Patienten auffordern, sich zu entkleiden, dürfen sie in einer Art und Weise berühren und befühlen, die sonst nur den Partnern vorbehalten ist, ja sie dürfen den Patienten sogar Schmerz zufügen. In den letzten rund zweihundert Jahren haben die meisten Patienten dieses Verhältnis zu Ärzten akzeptiert, weil sie davon ausgehen, dass diese Abhängigkeit zu ihrem Besten besteht. Diese Beziehung entwickelte sich in den Pariser Hospitälern des frühen 19. Jahrhunderts zur Routine und war eine Folge der physischen Untersuchungsmethode, die die Ärzte in den neu eröffneten medizinischen Schulhospitälern entwickelten.

Das heißt nicht, dass Ärzte – bis zum Ende des 19. Jahrhunderts ausschließlich Männer – zuvor niemals nackte Patienten untersucht hätten. Der Vaginalspiegel beispielsweise wurde in der Römerzeit entwickelt, und auch Operationen von Gallensteinen oder Analfisteln, die Behandlung von Läsionen der Geschlechtsorgane oder Entbindungen, vorgenommen von männlichen Ärzten, hatte es in früheren Jahrhunderten mit einiger Regelmäßigkeit gegeben. Dennoch waren die meisten medizinischen Begegnungen nicht mit nahem physischen Kontakt zu den Ärzten verbunden, sondern beschränkten sich auf Dinge wie das Fühlen des Pulses oder das Beschauen der Zunge. Auch Körperausscheidungen wie Urin oder Kot wurden zur medizinischen Diagnose herangezogen, doch untersuchte der Arzt diese Ausscheidungen manchmal, ohne überhaupt den Patienten selber in Augenschein genommen zu haben.

Die Begegnung von Arzt und Patient änderte sich in den Pariser Hospitälern des frühen 19. Jahrhunderts. Die Hospitalpatienten gehörten meistens zu den Armen und Ungebildeten, die machtlos waren und bei der Art ihrer Behandlung kaum Mitsprachemöglichkeiten hatten. Zudem ermutigte die neue medizinische Ideologie die Ärzte, nach objektiven Zeichen der Krankheit zu schauen und sich nicht einfach auf die Aussagen der Kranken über die Symptome zu verlassen. Symptome wie Schmerz oder Müdigkeit sind nur dem Individuum selber zugänglich, während Zeichen wie Muskelschwund oder ein Abszess objektiv wahrnehmbar sind. Die führenden Köpfe der französischen Hospitalmedizin wollten ihre Praxis auf objektive Krankheitszeichen und Läsionen gründen.

Die physische Diagnose war für dieses Vorhaben entscheidend. Die vier wichtigen Dimensionen der physischen Diagnose, die Medizinstudenten auch heute noch lernen, sind Inspektion, Palpation, Perkussion und Auskultation. All diese Verfahren waren in verschiedenen Formen schon seit Hippokrates gelegentlich von Ärzten angewendet worden. Die französischen Hospitalärzte führten sie zusammen, wandten sie routinemäßig und systematisch an und veränderten damit auf immer das Arzt-Patienten-Verhältnis.

Die Inspektion ist das grundlegendste Verfahren: die Beschau des Patienten. »Strecken Sie die Zunge heraus«, ist seit ewigen Zeiten eine vertraute Aufforderung in der medizinischen Praxis. Belegte Zungen gelten als Hinweis auf Fieber und andere akute Krankheiten. Gelbe Augäpfel deuten auf Gelbsucht und gerötete Wangen ebenfalls auf Fieber oder auf das Endstadium einer »Hektik« (ein spätes

Stadium der Lungentuberkulose oder Auszehrung) oder die Plethora auf Gicht. Ein bleiches Gesicht mit einem Stich ins Grünliche ließ die Ärzte an Chlorose denken, eine Form der Anämie, die nur heranwachsende Mädchen befiel und die mysteriöserweise im frühen 20. Jahrhundert verschwand, zur gleichen Zeit wie die Hysterie und wahrscheinlich aus denselben Gründen. Überwiegend aber beschränkte sich die Inspektion auf die »öffentlichen« Teile des Körpers: Antlitz, Hände und überhaupt solche Teile, die ohne Verletzung von Konventionen offen zur Schau lagen. Wenn ein Arzt anderswohin schaute, musste er dafür einen guten Grund haben, und solche guten Gründe gab es eher noch für Chirurgen als für Ärzte.

Die Franzosen machten die Inspektion zum System und zum Teil einer Gesamtbewertung der Gesundheit des Patienten. Genauso verfuhren sie mit der Palpation, einem noch intimeren Verfahren, da es Berührungen einschloss. Eine empfindliche Stelle, eine Schwellung oder ein vergrößertes Organ lassen sich manchmal mit dem Auge erkennen, häufiger aber lassen sie sich ertasten. Die hippokratischen Ärzte wussten, dass Wechselfieber häufig eine vergrößerte Milz hervorrief. Gelegentlich war die Schwellung so groß, dass man sie sehen konnte, doch häufiger ließ sie sich nur durch Betasten feststellen. In der vom Gentleman-Ideal geprägten Ärztekultur der frühen Neuzeit hatte jedoch das Betasten des Körpers des Patienten mit den Händen zu sehr den Charakter der verachteten körperlichen Arbeit. Somit war die Palpation ein weiterer Aspekt der Diagnose, den die Verfügung der Franzosen, Medizin und Chirurgie miteinander zu verbinden, wieder in die Medizin einführte. Indem sie die Krankheitsprozesse in den Organen lokalisierten und die Wichtigkeit der Läsion betonten, lernten die französischen Medizinstudenten, ihre Hände als diagnostisches Werkzeug einzusetzen.

Die Perkussion (das Abklopfen von Brust oder Bauch) bildet den dritten Teil der physischen Routineuntersuchung. Trotz vereinzelter Bemerkungen in früheren Fallgeschichten konnte der Wiener Arzt Leopold Auenbrugger (1722–1809) in seiner diesem Verfahren gewidmeten Abhandlung von 1761 zu Recht von einem *Inventum novum* (einer Neuentdeckung) sprechen. Als Sohn eines Gastwirts soll der junge Auenbrugger die Perkussion entdeckt und schätzen gelernt haben, als ihn sein Vater in den Keller schickte, um festzustellen, wie viel Bier und Wein noch in den Fässern war. Dazu klopfte er auf die Seitenwände,und auf der Höhe, wo noch Flüssigkeit in den Fässern war, veränderte sich der Ton. Er brauchte also nicht erst den Deckel abzunehmen, um mit einer Kerze in das Fass hineinzuspähen. In die medizinische Praxis übernahm er das Verfahren, um zu bestimmen, ob Herz, Leber oder andere Organe vergrößert oder ob Körperhöhlen, die üblicherweise hohl klingen, infolge von Krankheit durch Flüssigkeitsansammlung in Brust oder Bauch verändert waren.

Auenbruggers bescheidenes kleines Buch ist ein ausgezeichnetes Beispiel dafür, dass Klassiker nicht einfach entstehen, sondern gemacht werden. Unmittelbar nach seiner Veröffentlichung wurde es kaum zur Kenntnis genommen; Historiker konnten in den vier folgenden Jahrzehnten nur einige wenige Hinweise auf das Buch entdecken. Die Ärzte des 18. Jahrhunderts waren einfach nicht darauf eingestellt, bei ihren Diagnosen den festen Teilen des Körpers größere Beachtung zu schenken. All das änderte sich erst mit der französischen Methode der medizinischen Ausbildung.

Jean-Nicolas Corvisart (1755–1821), dem Professor für Medizin an der Pariser Schule und Leibarzt Napoleons, ist die Wiederentdeckung der lateinischen Abhandlung Auenbruggers zu verdanken. Corvisart war auf die neue Ausrichtung der französischen Medizin des frühen 19. Jahrhunderts, die die Organe in den Mittelpunkt stellte, eingestimmt und interessierte sich besonders für Erkrankungen des Herzens. Er erkannte den Wert der Perkussion für die Diagnose von Herzvergrößerungen, für die Ansammlung von Flüssigkeiten im Bereich des Herzens und für weitere Herzerkrankungen. Daher begann er, seine Schüler die Perkussion zu lehren, übersetzte im Jahr 1808 Auenbruggers Abhandlung ins Französische und versah sie mit ausführlichen Anmerkungen, die viermal so lang waren wie der ursprüngliche Text. Diese Anmerkungen machten klar, wie wichtig die neue Technik als diagnostisches Hilfsmittel für die Ärzte sein konnte. Zwei Jahre zuvor war Corvisarts Abhandlung über Herzkrankheiten erschienen, die überwiegend auf Aufzeichnungen eines seiner Schüler beruhte. Die Fallbeispiele in dieser innovativen Schrift waren ernüchternd: Corvisart kam zu dem pessimistischen Schluss, dass organische Erkrankungen des Herzens mit den verfügbaren Therapien kaum effektiv behandelt werden konnten. Immerhin ließen sie sich diagnostizieren. Aus den Fallbeispielen erhält man einen Eindruck von dem Spektrum der Patienten in den Pariser Hospitälern. Es handelte sich meist um Männer und Frauen der Arbeiterklasse mit schweren Krankheiten, für die das Krankenhaus die letzte Zuflucht war. Die Mortalitätsraten in den Pariser Hospitälern waren sehr hoch, weswegen sie manchmal als »Vorhof des Todes« bezeichnet wurden.

Neben die von Corvisart propagierte Perkussion trat als viertes und innovativstes diagnostisches Verfahren die instrumentengestützte Auskultation. Schon früher hatten Ärzte zuweilen Geräusche aus dem Körperinneren der Patienten wahrgenommen. Pfeifgeräusche sind deutlich vernehmbar, nicht nur für die Patienten selber, die unter Atembeschwerden leiden. Auch manche Herzgeräusche sind so laut, dass andere sie hören können; Gleiches gilt für einen übermäßig aktiven Darm. Geräusche dieser Art geben Hinweise auf das, was im Körperinnern vorgeht, wie Ärzte schon seit Hunderten von Jahren bemerkt haben. Gelegentlich vermerkten sie, dass sie ihr Ohr direkt an die Brust oder den Bauch eines Patienten gehalten hätten, um besser hören zu können. Das ist die unvermittelte Auskultation im Unterschied zu der vermittelten mit Hilfe eines Apparats, des Stethoskops, das von René Théophile Hyacinthe Laënnec (1781–1826) erfunden wurde, einem der begnadetsten und vielseitigsten Kliniker Frankreichs.

An ihm lassen sich gut die äußeren Einwirkungen auf die Laufbahn eines Mediziners studieren. Als Katholik und Royalist kam er in der säkularen Atmosphäre der Republik und der napoleonischen Zeit nicht recht voran; eine Anstellung in einem Krankenhaus und schließlich die Professur erhielt er erst nach dem Sturz Napoleons und der Wiederherstellung der Monarchie. Aber bereits zuvor war er Anhänger der Ideale der französischen Ärzteschule, für die er als Journalist, Herausgeber und praktizierender Arzt seine Beiträge leistete. Sein erstes Stethoskop war nichts

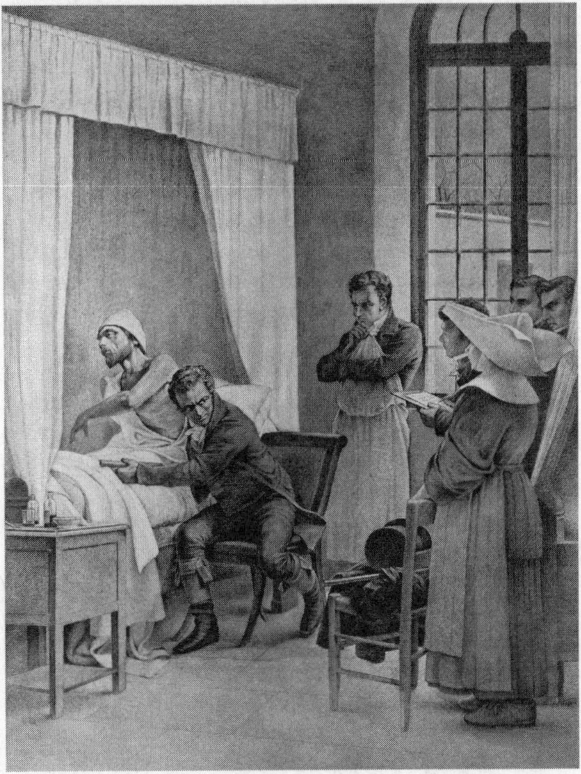

Abb. 11: Diese Illustration aus dem späten 19. Jahrhundert zeigt Laënnec bei der Demonstration seines Stethoskops in einer Krankenstation des Hospitals Necker. Der Patient wirkt passiv und äußerst hinfällig, was auf Tuberkulose schließen lässt.

weiter als ein fest zusammengerolltes Notizbuch, mit dem er die Geräusche in der Brust einer molligen jungen Frau abhorchen wollte – das Ohr direkt an die Brust zu legen, galt damals als unschicklich. Zu seiner Freude entdeckte Laënnec, dass sich mit dieser Vorrichtung die Geräusche sogar besser hören ließen als mit unvermittelter Auskultation. Schnell entwickelte er ein einfaches Stethoskop (das Wort stammt von ihm). Es handelte sich dabei um eine Röhre aus Holz mit zwei verschiedenen Endstücken, einem Schalltrichter und einer Membran, um Geräusche von unterschiedlicher Tonhöhe – er war ein begabter Musiker – besser wiederzugeben.

Die geschilderte Begegnung mit der Patientin ereignete sich 1816 im Pariser Hospital Necker. In den drei Jahren zwischen 1816 und 1819 erlebte Laënnec eine so kreative Phase, wie sie kaum einem Arzt in der gesamten Geschichte der Medizin beschieden war. Als 1819 seine Abhandlung über die vermittelte Auskultation erschien, war er bereits sehr erfahren im Umgang mit dem Stethoskop. Er schuf einen großen Teil des Vokabulars, das die Ärzte heute noch zur Beschreibung der Brustgeräusche verwenden, und belegte überzeugend, dass er viele Krankheiten des Herzens und der Lungen aufgrund der im Stethoskop hörbaren Geräuschschemata diagnostizieren konnte. Insbesondere interessierte er sich für die auskultatorischen Zeichen der Lungentuberkulose oder Schwindsucht, der häufigsten Todesursache zu seinen Lebzeiten. In seinen Krankensälen fanden sich sehr viele Schwindsüchtige, und auch er selber fiel schließlich dieser Krankheit zum Opfer.

Laënnecs Abhandlung von 1819 besteht aus zwei Teilen, der erste gilt der Benutzung des Stethoskops, der zweite der pathologischen Anatomie der Organe des Thorax. Er erwies sich als ein wahrer Anhänger der französischen Schule, der sich nicht nur in den Feinheiten der Diagnose auskannte, sondern seinen verstorbenen Patienten auch vom Krankenbett in das Leichenschauhaus folgte, wo er die Autopsie durchführte und die Läsionen in der Leiche mit seinen zu Lebzeiten der Patienten angestellten Diagnosen verglich.

Inspektion, Palpation, Perkussion, Auskultation: Diese vier Schritte der systematischen medizinischen Untersuchung wurden nicht sofort und nicht überall eingeführt. Zwischen Corvisarts Übersetzung von Auenbruggers Abhandlung (1806) und Laënnecs Schrift über das Stethoskop (1819) liegen dreizehn Jahre. Laënnec machte eine Reihe französischer und ausländischer Studenten mit der Stethoskopie bekannt, und eine Reihe einflussreicher Ärzte erkannten den Wert dieses diagnostischen Instruments. Der englische Übersetzer der Schrift erklärte, Privatpatienten würden sich freiwillig der Intimität einer stethoskopischen Untersuchung nicht aussetzen, hingegen wäre sie nützlich bei »unfreiwilligen« Gruppen: den Armen in den Hospitälern sowie den Angehörigen des Militärs. Die Macht, die Ärzte in den Hospitälern gewonnen hatten, drang in der Tat nur schrittweise in die Öffentlichkeit hinaus. Noch stets hat der die Melodie bestimmt, der die Musik bezahlt, also mussten zahlende Patienten erst überzeugt werden, dass der Arzt es am besten wüsste. Eine komplette medizinische Fallgeschichte und Untersuchungen der Art, wie die französischen Hospitalärzte sie begründet hatten, sind außerhalb von Krankenhäusern und Diagnosezentren immer noch selten. Gleichwohl wirkt das Ideal, das die französischen Kliniker in den Pariser Ärzteschulen ausarbeiteten, noch heute nach und sollte die Einstellung mitbestimmen, mit der Ärzte ans Krankenbett treten.

Der Weg zum Leichenschauhaus: die Korrelation von Klinik und Pathologie

Die Pariser Ärzteschule wurde 1794 mit ihrem reformierten Lehrplan neu eröffnet. Die Ausgangspunkte lagen, wie man behaupten kann, etwas früher, im Jahr 1761. In jenem Jahr erschien nicht nur Auenbruggers Beschreibung der Perkussion, sondern auch Giovanni Battista Morgagnis Buch *De sedibus et causis morborum* (»Über den Sitz und die Ursachen von Krankheiten«), das dem französischen Ansatz in Hinblick auf die Pathologie genauso vorarbeitete wie Auenbruggers kleine Schrift in Hinblick auf die klinische Untersuchung.

Morgagnis umfangreicher Traktat war eher eine Enzyklopädie als ein Handbuch. Traditionell vom Kopf zum Fuß fortschreitend, bietet das Werk Fallgeschichten und Autopsien von rund 700 Patienten, von denen Morgagni viele selber betreut hat. Es beginnt mit Erkrankungen des Kopfes und arbeitet dann den gesamten menschlichen Körper ab, wobei sich Morgagni auf die pathologischen Veränderungen konzentrierte, die die Krankheit an den Organen hervorruft. Seine Fallgeschichten stützen sich auf die Selbstaussagen der Patienten über ihre Krankheiten, wie dies auch Hippokrates vertraut gewesen wäre, und zeigen ebenfalls ein Interesse für das genaue Beobachten von Details. Aber Morgagni verfolgte seine Fälle auch in der Autopsie weiter, und diese Beschreibung der Veränderungen an den Leichen ging weit über die antiken Autoren hinaus, die selbstverständlich keine Leichenschauen durchführten. Morgagnis Werk enthielt eine Reihe neuer Beobachtungen, doch Widerhall fand vor allem seine Methodik. Das Werk wurde in die meisten europäischen Sprachen übersetzt und regte dazu an, die Autopsie als Mittel zur Erweiterung der Kenntnisse über die Krankheiten einzusetzen, noch bevor die französische Schule das Verfahren zur Routine machte.

Mehr als fünfzig Jahre lang lehrte Morgagni (1682–1771) Anatomie und Medizin an der Universität von Padua. Viele der Patienten, deren Fallgeschichten er in *De sedibus* aufnahm, entstammten seiner ausgedehnten Privatpraxis. Die Menge seiner Autopsien war zwar eindrucksvoll, wurde aber bald von der Pariser Schule in den Schatten gestellt, deren Kliniker praktisch in den Hospitälern lebten und in wenigen Jahren so viele Autopsien durchgeführt hatten wie Morgagni während seines ganzen langen Lebens. In den Hospitälern waren die Krankheiten der Menschheit konzentriert, und die Franzosen machten sich diesen Umstand voll und ganz zunutze.

Während die physischen Diagnosen dem Arzt beim Aufspüren der Läsion halfen, bot ihm die Autopsie die Möglichkeit, seine früheren Diagnosen zu interpretieren, zu modifizieren oder zu bestätigen. Die Korrelation zwischen Klinik und Pathologie lief also in beide Richtungen: Die wiederholten Beobachtungen am Krankenbett gaben die Möglichkeit, die Krankheit des Patienten durch dessen gesamtes Leben zu verfolgen, und diese Aufzeichnungen ließen sich schließlich im Licht der Beobachtungen an der

Leiche bewerten. Der Kliniker war zugleich Pathologe, der sich um seine Patienten im Leben und auch noch im Tode kümmerte. Corvisart, Laënnec und die übrigen führenden Vertreter der französischen Schule waren gleichermaßen am Krankenbett wie im Leichenschauhaus zu Hause.

Angetrieben wurden sie von der Suche nach den Läsionen, den pathologischen, von der Krankheit bewirkten Veränderungen. Der Philosoph Francis Bacon (1561–1626) hatte diese Veränderungen die »Fußspuren der Krankheit« genannt – ein treffendes Bild von einer personifizierten Krankheit, die durch die Organe unseres Körpers wandert und Spuren ihres Besuchs hinterlässt. Diese Spuren zu bestimmen, war der eigentliche Zweck der Leichenschau.

Die französischen Kliniker führten die Autopsien im selben Geiste durch wie die körperlichen Untersuchungen. Es ging darum, die Krankheitsphänomene zu objektivieren und so die zweitausend Jahre alten Spekulationen durch die erhärteten, tastbaren, sichtbaren und messbaren materiellen Folgen der Pathologie zu ersetzen. Man müsse nur ein paar Leichen öffnen, hatte Xavier Bichat (1771–1802) erklärt, und die windigen Theorien der antiken Autoren würden verschwinden. Im Laufe seines nur 31-jährigen Lebens öffnete er mehr als nur ein paar Leichen. Sein Leben ist ein gutes Beispiel, worum es in der Pariser Medizin ging. Er hatte im Militär gedient, war vom Chirurgen zum Arzt geworden und lebte jene Verbindung des auf bestimmte Körperstellen bezogenen chirurgischen Denkens mit der philosophischeren, reflektierterer Perspektive des Arztes. Sein Tod wurde weithin betrauert; schnell wurde er zu einem Helden der neuen medizinischen Denkweise.

Heute erinnert man sich an ihn hauptsächlich als »Vater der Histologie«, weil er entdeckte, dass pathologische Prozesse, gleichgültig wo sie auftreten, bei denselben Gewebearten verbreitet sind. Die Serosae, welche Herz, Gehirn, Thorax und Unterleib umgeben, reagieren in ähnlicher Weise auf Krankheitsprozesse. Mit bloßem Auge und einem einfachen Vergrößerungsglas bestimmte er 21 Gewebearten, darunter das ossäre Gewebe, das Nervengewebe, das fibröse und das muköse Gewebe. Auch Venen und Arterien betrachtete er als spezielle Gewebearten. Bichat war stärker an Prozessen interessiert als viele der von ihm inspirierten französischen Kliniker und ging mit einer theoretischeren Perspektive an seine Arbeit, als für die meist platt empiristische französische Hospitalmedizin typisch war. Aber er lebte und starb im Hospital, teilte seine Zeit zwischen dem Krankensaal und der Leichenkammer und inspirierte andere mit seinen Ideen und seiner viel zu früh verlöschenden Energie.

Die Hospitäler von Paris – es gab dort weit mehr Krankenbetten als im gesamten Großbritannien – boten eine unvergleichliche Gelegenheit zur Beobachtung schwer kranker Menschen aus den armen Schichten, die gezwungen waren, im Austausch gegen Pflegeleistungen ihren Körper im Leben und im Tode der klinischen Medizin zur Verfügung zu stellen. Die französische Kombination aus körperlicher Diagnose und klinisch-pathologischer Korrelation begründete einen neuen Ansatz in Bezug auf Krankheit und verkörperte neue Machtstrukturen innerhalb des Hospitals. Schrittweise begründete sie eine neue Gliederung (Nosologie) der Krankheit, die auf den Organen basierte, und erhob die festen Bestandteile des Körpers in die Spitzenposition. Man kann behaupten, dass es sich dabei um einen erweiterten hippokratischen Ansatz gehandelt habe, doch hatte er seine Grundlage im Krankenhaus und verortete die Krankheiten in den Organen, nicht in den Säften.

Die Pathologie der Organe wurde zum vorherrschenden Thema. Mit Monographien über die Krankheiten des Herzens, der Lungen, der Nieren, des Gehirns und des Nervensystems, von Magen und Darm, der Leber, der Haut

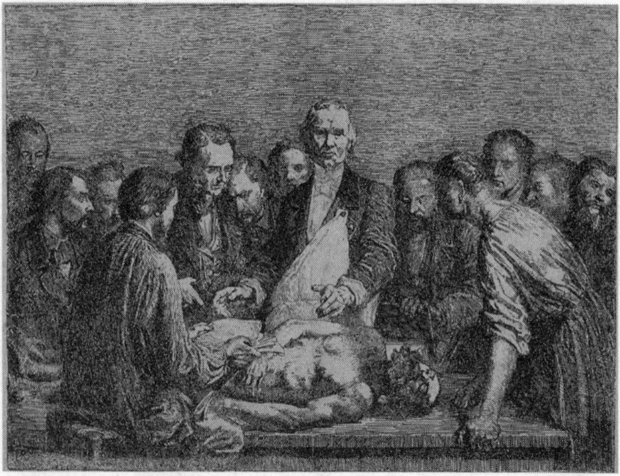

Abb. 12: Alfred Velpeau (1795–1867) war Professor für klinische Chirurgie an der Pariser medizinischen Fakultät, arbeitete aber auch auf den Gebieten der chirurgischen Anatomie, der Embryologie, der Physiologie und der Brustkrankheiten. Diese düstere Radierung erinnert eindringlich daran, wie die Ärzte die Toten für die Lebenden nutzten.

und der Geschlechtsorgane machten französische Kliniker sich einen Namen. Corvisarts Schrift über die Herzkrankheiten und Laënnecs Schrift über die Lungenkrankheiten waren mit ihren diagnostischen Neuerungen verknüpft. Andere Ärzte erweiterten den Ansatz auf andere Teile des Körpers: Jean-Louis Alibert (1768–1837) behandelte die Hautkrankheiten, Pierre Rayer (1793–1867) die Nierenkrankheiten, Gabriel Andral (1797–1876) Erkrankungen des Blutes und Philippe Ricord (1800–1889) die Geschlechtskrankheiten.

Von allen Krankheiten war die Tuberkulose zweifellos diejenige, über die am meisten geschrieben wurde und auf die man unter den Patienten (und Ärzten) in den französischen Krankenhäusern am häufigsten traf. Im frühen 19. Jahrhundert war sie die meistverbreitete Todesursache überall in Europa. Hippokrates beschrieb die Lungentuberkulose (Schwindsucht) als eine gefährliche, auszehrende Krankheit, die mit Fieber, chronischem Husten und anderen pulmonalen Symptomen verbunden ist. Es existieren gute paläopathologische Beweise, dass die Tuberkulose schon seit Jahrtausenden in menschlichen Gesellschaften auftritt. Ab dem späten 18. Jahrhundert breitete sich die »Schwindsucht« überall aus; man kann aus guten Gründen annehmen, dass die meisten Fälle auch heute als Tuberkulose diagnostiziert werden würden. Die moderne Definition der Krankheit wurde erst möglich, als Robert Koch 1882 den Tuberkelbazillus als das Bakterium identifizierte, das die Tuberkulose verursacht. Laënnec und seine Kollegen definierten die Schwindsucht aus dem pathologischen Befund, aber ihre Beschreibungen sowohl der klinischen Symptome als auch des Obduktionsbefunds bestätigen die

Annahme, dass Schwindsucht und Tuberkulose überwiegend nur zwei verschiedene Namen für ein- und dieselbe Krankheit sind.

Laënnec behauptete, die Schwindsucht mit seinem Stethoskop diagnostizieren zu können; bei Patienten mit dieser Erkrankung fänden sich »pathognomonische« (d. h. für diese Krankheit spezifische) Geräusche im oberen Brustbereich. Er erklärte aufgrund von klinischen und Autopsiebefunden, dass die als »Tuberkel« (wörtlich: kleine Schwellung) bezeichnete winzige Läsion das Kennzeichen einer einzigen Krankheit wäre, gleichgültig wo die Läsion auftrete. Damit vereinheitlichte er eine Reihe unterschiedlicher Diagnosen wie Skrofulose, tuberkulöse Meningitis oder Tuberkel der Eingeweide. Die Entwicklung der größeren, granulären Läsionen aus den ursprünglichen Tuberkeln verglich er mit dem Reifen einer Frucht. Dass er die Krankheiten vieler tuberkulärer Organe zu einer Einheit zusammenfasste, wurde durch Kochs Arbeit über den Bazillus bestätigt. Innerhalb der pathologischen Tradition bedeutete das aber einen phantasievollen Sprung, der dem organbezogenen Paradigma, an dem sich Laënnecs Arbeit orientierte, widersprach. Hinsichtlich der Ursache der Schwindsucht mutmaßte er, diese würde man vielleicht niemals genau erfahren; der Rahmen seines Denkens aber deutete auf eine psychosomatische Erkrankung. Häufig verband man diese Krankheit mit starken Leidenschaften, und er schrieb diesen stillschweigend die Bedeutung einer Ursache zu.

Laënnecs brillante diagnostische Arbeit unterstreicht die Stärken und die Schwächen des klinisch-pathologischen Ansatzes: Indem sie sich auf das Endstadium der Krankheit, die Läsionen, konzentrierten, blieben die französischen Kliniker häufig über die Prozesse, die die Läsionen verursachten, und ebenso auch über die Ätiologie (die Ursache) der Veränderungen im Unklaren. Andererseits konnten sie, indem sie genau auf die Korrelationen zwischen klinischen Zeichen und pathologischen Veränderungen schauten, viele Krankheiten unterscheiden, die seither Teil des medizinischen Vokabulars geblieben sind, auch nachdem die Keimtheorie und spätere Entwicklungen den Ärzten andere diagnostische Kriterien an die Hand gegeben hatten.

Ein gutes Beispiel ist die Unterscheidung von Fleckfieber und Typhus. Im Englischen sind die Wörter für beide Krankheiten verwandt (*typhus* und *typhoid* oder *typhoid fever*). Ihr klinisches Erscheinungsbild kann so ähnlich ausfallen, dass es oft schwierig ist, aus Fallbeschreibungen in der älteren medizinischen Literatur genau zu erkennen, ob Fleckfieber (»typhus«), Typhus (»typhoid«) oder noch eine von weiteren Krankheiten vorlag, die wir heute anders diagnostizieren würden. Fleckfieber und Typhus galten als Varianten des Fiebers, das in früheren Zeiten eine eigene Krankheit war. In Krankheitsdefinitionen des 18. Jahrhunderts war »Fieber« die Krankheit, die durch Adjektive oder qualifizierende Komposita näher bestimmt wurde – etwa als Wechselfieber, fortgesetztes Fieber, Fleckfieber, niedriges, nervöses, hektisches oder Faulfieber. Auch Gelbfieber ist der Name einer von einem Virus verursachten Krankheit. Die Namen sind geblieben, obwohl die Ärzte seit dem 19. Jahrhundert schrittweise dazu übergingen, »Fieber« nicht mehr als die Krankheit, sondern als ein Krankheitszeichen (als erhöhte Körpertemperatur, die mit dem Thermometer gemessen wird) zu definieren.

Die Unterscheidung zwischen Fleckfieber und Typhus wurde mehr oder weniger unabhängig voneinander von mehreren Ärzten vorgenommen. Alle standen sie unter dem Einfluss der französischen Mediziner, obwohl sie nicht nur in Frankreich, sondern auch in Großbritannien und den USA arbeiteten. In Frankreich stellte Pierre Louis (1787–1872) im Jahr 1829 pathologische Kriterien für Typhus auf. Seine Karriere ist ein Modellfall der französischen Ära. Er war jung genug, um seine Ausbildung in der »neuen« Medizin zu erhalten, und verbrachte dann einige Jahre in Russland, ehe er 1820 nach Paris zurückkehrte, in der Überzeugung, dass er nicht genug über Krankheiten wisse. Er gab seine Privatpraxis auf und trat in die Charité ein, wo er in sechs Jahren über zweitausend Autopsien durchführte und über seine klinischen und pathologischen Befunde ausführlich Buch führte. Diese Aufzeichnungen bildeten die Grundlage seiner Monographien über die Schwindsucht und den Typhus. Louis identifizierte die geschwollenen Lymphknoten (Peyer-Plaques) in der Membran des Dickdarms und behauptete, diese seien für Typhus pathognomonisch. William Jenner (1815–1898) in London, W. W. Gerhard (1809–1872) in Philadelphia und mehrere andere Ärzte vollendeten die Unterscheidung zwischen den beiden Krankheiten.

In der ersten Hälfte des 19. Jahrhunderts war die pathologische Anatomie die Königsdisziplin der medizinischen Wissenschaft. Sie lieferte Ärzten greifbare Beweise für die Folgen einer Krankheit, was zu einer Vereinheitlichung der ausführlichen Nosologien früherer Zeiten führte. Das alles wäre nicht möglich gewesen ohne die große Zahl an Patienten in den Krankenhäusern, die es den Ärzten erlaubte, klinische und pathologische Beobachtungen an viel mehr »Material«, wie sie die Kranken oftmals abschätzig nannten, anzustellen. Das Zahlenspiel bildete die dritte Säule; Louis, der es besonders systematisch praktizierte, sprach von der *méthode numérique*. Die numerische Methode half ihm, seine diagnostischen Kategorien auszuarbeiten, aber auch, die Therapien zu evaluieren.

Zählen lernen

Wie so vieles andere in den Pariser Hospitälern war auch der Umgang mit einer großen Zahl von Patienten für die Medizin nichts grundsätzlich Neues. Armeeärzte aller Nationalitäten waren gehalten, Statistiken vorzulegen, und die Ärzte in den zivilen und Militärhospitälern hatten die Pflicht, Jahresberichte über ihre Fälle, Diagnosen, Behandlungen und Kuren anzufertigen. Insofern könnte man in Louis' Verfahren nur den Gipfel des auf Fakten und Offenheit Wert legenden Aufklärungszeitalters erblicken. Das hieße jedoch, die Wirkung gegenüber der Innovation zu vernachlässigen, denn von allen Klinikern in der späteren Phase der Blütezeit der Pariser Medizin entfaltete Louis die größte internationale Wirkung. Er hatte viele ausländische Studenten und verknüpfte mehr als jeder andere die Einsichten der französischen Schule. Seine kurze Abhandlung über die *Klinische Ausbildung*, die 1834 ins Englische übersetzt wurde, ist eine brillante Zusammenfassung dessen, wonach die Pariser Ärzteausbildung strebte.

Man schreibt ihm manchmal das Verdienst zu, er habe fast ganz allein die Ärzte davon überzeugt, die antike Praxis, bei allen Krankheiten den Aderlass anzuwenden, aufzugeben. Seine kurze Monographie zu diesem Thema (1835) ist sein bekanntestes Werk, aber ihr Vermächtnis liegt mehr in der Methode als in der Botschaft. In seinen *Untersuchungen über die Auswirkungen des Aderlasses bei einigen Entzündungskrankheiten* bewertete Louis die Auswirkungen der therapeutischen Phlebotomie bei Lungenentzündungen nach Zeitpunkt (morgens oder abends) und Quantität (geringe oder große Menge an abgezapftem Blut). In derselben Schrift untersuchte er außerdem die Anwendung verschiedener Dosen von Brechweinstein (Kaliumantimonyltartrat). Aus heutiger Sicht ist wichtig, wie Louis versuchte, diese Therapien zu evaluieren, indem er Patienten mit ähnlichen Merkmalen in Gruppen einteilte und die Ergebnisse seiner verschiedenen Behandlungen notierte. Louis stellte im Ergebnis einen klinischen Testversuch an, wenn auch mit einem Protokoll, das heute nicht als angemessen gelten würde. Bemerkenswert ist, dass Louis nicht auf den Aderlass als Option verzichtet, sondern lediglich Zeitpunkt und Stärke der Anwendung beurteilt.

Louis' kleine Schrift hat zwar den Klassikerstatus erlangt, gehört aber eigentlich in eine polemische Auseinandersetzung zwischen ihm und François Joseph Victor Broussais (1772–1838). Letzterer hatte das System einer »physiologischen Medizin« entwickelt, das sich gegen den statischen, anatomischen Ansatz der meisten französischen Kliniker richtete. Broussais beobachtete, dass viele der Patienten, an denen er die Autopsie vornahm, Zeichen einer chronischen Gastritis aufwiesen. Sein System postulierte, dass alle Krankheiten ihren Ursprung im Magen hätten und dass anderswo auftretende Läsionen auf eine ursprüngliche Reizung im Magen zurückzuführen seien. Die Standardbehandlung für eine Reizung oder Entzündung war der Aderlass. Anstelle der Lanzette verwendete er dafür Blutegel. In den 1830er Jahren führten er und Louis in einer Reihe von Abhandlungen eine scharfe Polemik gegeneinander. Broussais war ein therapeutischer Enthusiast, während Louis recht skeptisch war, dass die Medizin (mit ihren Fähigkeiten) das Fortschreiten einer Krankheit aufhalten könnte. Louis' Pionierleistung in Hinblick auf klinische Testversuche gehört in den Rahmen seiner erbitterten Fehde mit seinem Rivalen Broussais.

Während Broussais' dynamische, physiologische Betrachtungsweise der Krankheit weiterhin Beachtung fand, geriet seine Vorstellung, dass alle Krankheiten Sekundärfolgen einer Magenreizung seien, schnell in Vergessenheit. Andererseits wurde Louis' numerische Methode zu einem wesentlichen Bestandteil der modernen Medizin. Zahlen boten Gewissheit, sowohl bei der Aufstellung klarer diagnostischer Kategorien als auch bei der Bewertung von Therapien. Eine Reihe seiner Studenten nahm seinen therapeutischen Skeptizismus auf, zumal dieser in den Pariser Hospitälern bereits verbreitet war, wo die Ärzte überwiegend vor allem an genauen Diagnosen und ihrer Verifizierung bei der Leichenschau interessiert waren. Die Patienten waren fast immer schon mit begrenzten Erwartungen in die Krankenhäuser gegangen, aber in Paris veränderten sich die Machtverhältnisse, die Ärzte festigten ihre Spitzenstellung. Das blieb bis in die jüngste Vergangenheit so, als sich durch größere Patientenselbstbestimmung, die Tyrannei wirtschaftlicher Interessen und die Rolle der Medizinmanager die Machtverhältnisse in der Medizin verschoben.

Louis' Bekenntnis, dass die ihm zur Verfügung stehenden Medikamente seinen Patienten kaum halfen, darf nicht als Verschwörung gegen die hilflosen Kranken verstanden werden. Es handelte sich vielmehr um eine echte Entdeckung. Diese wurde möglich, weil er zählte, bewertete und verglich – Dinge, die sich am leichtesten im Krankenhaus tun ließen.

Das Körperliche und das Mentale

In der Mitte des 19. Jahrhunderts war die französische Hospitalmedizin zu einer vertrauten Erscheinung geworden. Neue Ansätze zum Verständnis von Krankheit, verstärkter Einsatz von Experimenten statt bloßer Beobachtungen und der Rückgang der Entdeckungen, die durch weitere Autopsien zu erwarten waren, ließen die klinische französische Medizin nun weniger wunderbar erscheinen. In ihrer Blütezeit waren aber Tausende Studenten aus der gesamten westlichen Welt nach Paris gekommen. Sie kehrten nach Großbritannien, Deutschland, Österreich, Italien, in die Niederlande und die USA zurück, wo einige von ihnen Ärzteschulen und Hospitäler gründeten. Schon im frühen 19. Jahrhundert galt eine medizinische Schule ohne angeschlossenes Krankenhaus als zweitrangig. Als die neue University of London (das heutige University College London) in den späten 1820er Jahren ihre medizinische Schule eröffnete, wurde als erstes ein Krankenhaus geschaffen. Dieses Muster wiederholte sich überall in Europa, selbst in kleineren deutschen Städten, wo die klinische Unterweisung häufig in Vorführungen und nicht in praktischer Tätigkeit bestand.

In Amerika gab es Mitte des 19. Jahrhunderts eine Reihe von Privatschulen ohne Krankenhaus oder Labor, wo man für die Studiengebühren schon nach wenigen Monaten einen medizinischen Grad erhielt. Studenten, die aus Paris zurückgekehrt waren, und Absolventen der angesehenen medizinischen Schulen von der Ostküste, beispielsweise der University of Pennsylvania, waren erbost darüber, welche Folgen dies für den Berufsstand hatte, aber die amerikanischen Werte schützten das freie Unternehmertum. Erst in den späteren Jahrzehnten des 19. Jahrhunderts änderte sich das System. Die Johns Hopkins University wurde 1876 als forschungsorientierte Universität gegründet und führte das deutsche Modell der akademischen Bildung in Amerika ein. Trotz einer großzügigen Gründungsstiftung von Johns Hopkins, einem Quäker und Eisenbahnmagnat, brauchte die medizinische Schule fast zwei Jahrzehnte bis zu ihrer Anerkennung, so hoch waren die Anforderungen. Das Krankenhaus wurde 1893 eröffnet, und die tatkräftige Fakultät kombinierte hier deutsche Forschung und die französische Betonung der praktischen Ausbildung. Der Medizinprofessor William Osler (1849–1919) war der berühmteste der »großen Vier«, der erste Leiter der medizinischen Fakultät. Als wissenschaftlich ausgerichteter, aber zugleich humaner Kliniker, als Büchersammler, Historiker, Essayist und Lehrer wird er auch heute noch von Ärzten verehrt. Die Rezeption der deutschen Wissenschaft blieb nicht ohne Einfluss auf das Verständnis von Krankheit am Hopkins, die französischen Innovationen aber hinterließen in den Lehrkrankenhäusern auf Dauer zwei regelmäßig wiederkehrende Ereignisse: die tägliche Stationsvisite, bei der ein Oberarzt, begleitet von Assistenzärzten, Medizinstudenten und einer Krankenschwester, jeden Patienten am Krankenbett aufsuchte und über ihn beriet, sowie die große Visite, bei der interessante »Fälle« vor einer großen Versammlung von Studenten und Ärzten mit unterschiedlicher Erfahrung durch ein Mitglied der in der Ausbildung befindlichen Ärzte vorgestellt und von einem Oberarzt analysiert wurden. Häufig wurde nach der Präsentation der Patientengeschichte, des klinischen Verlaufs und der Diskussion der eingehenden Diagnose der Autopsiebefund von einem Pathologen wiedergegeben und so das Leben und Sterben des Patienten nahtlos zu einem Ganzen zusammengesetzt.

In den großen Lehrkrankenhäusern besaßen die medizinischen und chirurgischen Fächer wie Pädiatrie, Kardiologie, Neurologie, Geburtshilfe, orthopädische Chirurgie, Otolaryngolie (Hals-, Nasen-, Ohrenerkrankungen) eigene Chefärzte, eine Reihe von zugewiesenen Betten und eigene Stations- und große Visiten. Eine in den meisten allgemeinen Krankenhäusern lange Zeit unterrepräsentierte Fachrichtung war die Psychiatrie, auch wenn sie häufig als »die halbe Medizin« bezeichnet wird, da psychische Störungen so häufig vorkommen. Für ernsthaft psychisch Kranke – die früher als Wahn- oder Irrsinnige bezeichnet wurden – gab es einen eigenen institutionellen Rahmen. Die institutionelle Versorgung für die Wahnsinnigen entwickelte sich in der frühen Neuzeit unabhängig von dem lückenhaften Angebot gewöhnlicher Krankenhäuser. Die Irrenhäuser, wie sie brutal genannt wurden, waren in der Regel kleine Einrichtungen, die Profite erzielen wollten und häufig unter Leitung von Nichtmedizinern standen. Anders als die allgemeinen Krankenhäuser waren diese Einrichtungen hauptsächlich auf eine wohlhabende Klientel ausgerichtet, weil ein ausgeprägter Exzentriker oder ein Mensch mit Halluzinationen für seine Verwandten eine schwere Belastung bedeutete. Die berühmteste psychiatrische Einrichtung Großbritanniens wurde in England sprichwörtlich: Bedlam, die Kurzform von Bethlehem oder St Mary Bethlehem. »Tom o' Bedlam« wurde zu einem festen Typus der fiktionalen Literatur, auf den auch Shakespeare im *König Lear* zurückgriff. Die Figur steht leitbildhaft für die Isolation, in der Psychiatriepatienten seit jeher leben.

Bedlam war allerdings eine ungewöhnliche psychiatrische Einrichtung, da sie über Stiftungen finanziert und die Arbeit von einer Verwaltung kontrolliert wurde. Die meisten Irrenhäuser waren kleine Privatunternehmen, deren Aufzeichnungen längst verschwunden sind. Aber sie hatten eine feste Stelle im öffentlichen Bewusstsein, weil Irrsinn in früheren Jahrhunderten die am meisten gefürchtete Störung war (heute nimmt bei vielen Menschen Demenz diesen Platz ein, mehr noch als Krebs). Irrenhäuser, die in der Regel nicht die Bezeichnung »Krankenhaus« erhielten, nahmen im Verhältnis zu allgemeinen Krankenhäusern das entgegengesetzte Ende der Skala ein. Die Diagnose verließ sich auf das, was Nachbarn oder Familienangehörige berichteten, sowie auf Beobachtungen des Verhaltens der Patienten. Ärzte, die nach Läsionen forschten, der Grundlage der Pariser Medizin, wurden in der Regel enttäuscht. Die Gehirne der Wahnsinnigen gaben selten einen spezifischen Hinweis auf die Ursache, warum der

Patient Symptome zeigte. Der Wahnsinn war eine mentale, keine physische Erkrankung. Das aber war eine Schwierigkeit in einer Kultur, die davon überzeugt war, dass die spezifisch menschlichen Unterscheidungsmerkmale der Vernunft, der moralischen Verantwortlichkeit und der Fähigkeit, Gut und Böse zu unterscheiden, auf der unsterblichen, von Gott gegebenen Seele beruhten. Wer seine Vernunft verlor, war im eigentlichen Sinne kein Mensch mehr.

Man ging auf verschiedene Weise mit diesen heiklen philosophischen und theologischen Fragen um, aber als sich die Ärzte zunehmend in das »Geschäft mit dem Wahnsinn« einmengten, gewann das Krankheitsmodell an Attraktivität. Schließlich haben Ärzte mit Krankheiten zu schaffen. Passenderweise wird darum eine der Vaterfiguren der Pariser Medizin häufig der »Begründer der modernen Psychiatrie« genannt. Philippe Pinel (1745–1826) machte sich schon vor der Revolution einen Namen als Autor einer erfolgreichen Nosologie aller Krankheiten und als praktizierender Arzt. Er prägte den Begriff »Neurose« und schrieb auch eine kleine Abhandlung über die Wichtigkeit der Hospitäler für die klinische Ausbildung. In der Revolutionszeit erhielt er den Posten des Arztes am Bicêtre (für Männer) und dann an der Salpêtrière (für Frauen), jedes von ihnen ein *Hôpital général*, in denen es Insassen verschiedener Art gab. Dazu gehörten Prostituierte, Landstreicher, Kleinkriminelle, Waisen, Alte, Altersschwache, Schwachsinnige sowie sonstige Personen, die entweder als Gefahr für die Öffentlichkeit galten oder sich nicht selbst versorgen konnten. Die Revolution verwandelte diese Einrichtungen in Hospitäler für psychiatrische Patienten.

Während seiner Zeit an der Salpêtrière setzte Pinel schrittweise das Programm einer »moralischen Therapie« um, machte gefesselte Frauen los und behandelte sie mit entschlossener Menschlichkeit. In England gründete eine Quäkerfamilie, die Tukes, das York Retreat. Es folgte ähnlichen Behandlungsmethoden einer moralischen Therapie, wie sie zur gleichen Zeit auch in Italien durch Vincenzio Chiarugi (1759–1820) angewendet wurden.

Die Feinheiten der moralischen Therapie sind bei Historikern stark umstritten, doch gibt es wenig Zweifel daran, dass diese Behandlungsform die Wahnsinnigen in das Licht der Öffentlichkeit holte und zur Herausbildung der Disziplin der Psychiatrie innerhalb der Medizin beitrug. Während des zweiten Drittels des 19. Jahrhunderts entstanden in den meisten europäischen Ländern und den Vereinigten Staaten psychiatrische Vereinigungen, die sich erfolgreich für die Schaffung eines Netzes psychiatrischer Anstalten einsetzten. Die traditionelle Behandlung psychischer Störungen mit den üblichen Heilmitteln – Aderlass, Brech- und Abführmitteln – wurde durch »moralische Mittel« ersetzt, auch die Form der Gebäude sollte zum Heilungsprozess beitragen. Seit den 1830er Jahren forderte man die Aufhebung von Einschränkungen der Bewegungsfreiheit, da, so erklärten die Ärzte, in gut gebauten und gut geführten psychiatrischen Anstalten physische Zwangsmaßnahmen entbehrlich seien.

Obwohl die psychiatrischen Anstalten im Namen der Menschlichkeit und der Behandlung errichtet worden waren, rechtfertigten sie kaum den anfänglichen Optimismus, nach dem frühzeitige Diagnosen und der kundige Einsatz moralischer und anderer Therapien sichere Heilerfolge erbringen sollten. Vielmehr wuchsen die Anstalten und füllten sich mit unheilbar Kranken: Sie gerieten, wie ein zeitgenössischer Beobachter vermerkte, zu bloßen »Museen des Wahnsinns«. Der besondere Charakter dieser Institutionen verstärkte die Distanz zwischen der Psychiatrie und der allgemeinen Medizin und Chirurgie. Trotz allen Wissens um das Gehirn und seine Funktionsweise existiert diese Kluft auch heute noch.

Im späten 19. Jahrhundert versuchte der deutsche Psychiater Emil Kraepelin (1856–1926) durch eine psychiatrische Klinik im akademischen Umfeld Medizin und Psychiatrie einander näher zu bringen. Kraepelin, ein Zeitgenosse Sigmund Freuds (1856–1939), des Begründers der Psychoanalyse, entwickelte die Grobklassifikation der psychischen Störungen, die die Grundlage der modernen psychiatrischen Nosologie bildet. Er unterschied die wichtigsten Psychosen von den Neurosen und lieferte eine grundlegende Beschreibung der Krankheit, die heute als Schizophrenie bezeichnet wird und die er *dementia praecox*, Demenz bei jüngeren Menschen, nannte. Kraepelins Leistungen trugen zur Herausbildung der akademischen Psychiatrie bei.

Die Kluft zwischen Medizin und Psychiatrie existiert immer noch, aber der Weg, den diese Disziplin von der Irrenanstalt zur Klinik einschlug, zeigt das Vertrauen, das die westlichen Gesellschaften dem Krankenhaus als Institution des Heilens entgegenbringen. Hinzu kommt die wachsende Medikalisierung vieler Aspekte des Lebens, von der Traurigkeit bis zur Kriminalität, von aufsässigem Verhalten bis zum Aufmerksamkeitsstörungssyndrom. Einer Sache einen Namen zu geben, ist selbst schon ein ge-

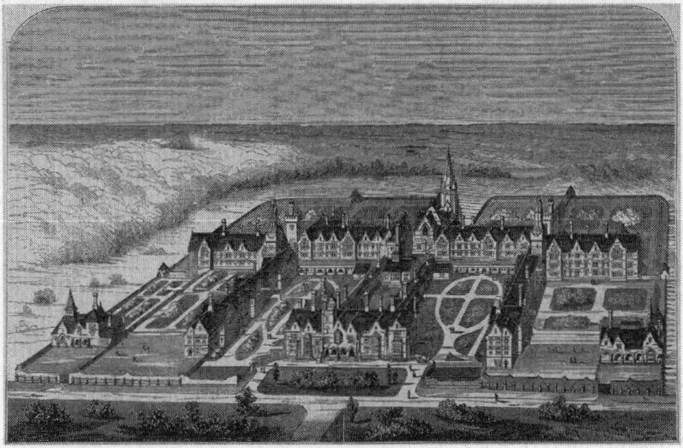

Abb. 13: Die Initiative zur Errichtung psychiatrischer Krankenhäuser war im frühen 19. Jahrhundert anfangs von Optimismus getragen: Als die Kliniken größer wurden und sich mit chronischen Fällen füllten, schwand der Optimismus schnell. Dieser Blick auf das Irrenhaus Brentwood im englischen Essex zeigt, wie sehr diese Institutionen isoliert und in sich abgeschlossen waren, gleichsam eigene Welten.

wisser Trost. Kraepelin versuchte, den psychischen Störungen eine diagnostische Ordnung aufzuerlegen, so wie früher die französischen Kliniker die physische Diagnose eingesetzt hatten, um die Krankheiten des Körpers zu verstehen.

4 Die Medizin in der Gemeinschaft

Die Volksgesundheit

Das moderne öffentliche Gesundheitswesen entstand im 19. Jahrhundert. Es baute selbstverständlich auf früheren politischen, sozialen und medizinischen Strukturen auf, aber die Form, in der wir es heute kennen, entwickelte sich erst vor wenigen Jahrhunderten. Während das Verhältnis zwischen Patienten und Ärzten kennzeichnend für die Hospitalmedizin ist, geht es beim öffentlichen Gesundheitswesen um das Verhältnis zwischen Staat und Individuum. Es ist der zugleich anonymste und sichtbarste Teil der Medizin. Wenn ein Einzelner in ein Krankenhaus geht, nehmen das nicht besonders viele Menschen zur Kenntnis. Aber der Ausbruch einer Grippeepidemie oder die Verseuchung des Trinkwassers werden in den Nachrichten gemeldet.

Wie der Name schon sagt, befasst sich das öffentliche Gesundheitswesen mit der Aufrechterhaltung der Gesundheit und der Verhinderung oder Eindämmung von Krankheiten. Zu seinem traditionellen Aufgabenbereich gehören die epidemischen Krankheiten, aber daneben existierte stets ein Strang der Krankheitsvorbeugung, bei dem es um die Erhaltung der Gesundheit des Einzelnen ging, die sogenannte Hygiene. Diese beiden Stränge stellen zwei unterschiedliche Traditionen innerhalb der Medizin dar, die aber oft miteinander verknüpft wurden, weil sie das gemeinsame Ziel hatten, Krankheiten zu verhindern. Heute wird Hygiene zunehmend zur »Lifestylemedizin«. In beiden Strängen spielt der Staat eine entscheidende Rolle.

Die Zeit vor der Industrialisierung

In der antiken Literatur gibt es viele Hinweise auf epidemische Krankheiten. Vor der Moderne wurde die Menschheit periodisch von Versorgungskrisen und Krankheiten, Thomas Robert Malthus' apokalyptischen Reitern, ausgedünnt. Oft war das Leben hässlich, brutal und kurz. In der langen Geschichte von Verelendung und Krankheit bildet die Pestzeit von der Mitte des 14. bis in die Mitte des 17. Jahrhunderts ein besonders düsteres Kapitel.

Der Schwarze Tod, wie ihn die Viktorianer nannten, war wahrscheinlich die erste Pandemie (interkontinentale oder weltweite Epidemie) in der Menschheitsgeschichte. Die meisten früheren Pestepidemien waren räumlich und in der Regel auch zeitlich eingegrenzter. Der Schwarze Tod brauchte vier Jahre, um über die Seidenstraße aus den Steppen Innerasiens in die westlichsten Teile Europas, in den Nahen Osten und an die Nordküste Afrikas zu gelangen. Er löschte zwischen einem Viertel und der Hälfte der Gesamtbevölkerung Europas aus. Dieses große Sterben war das Ergebnis der ersten in einer Reihe verheerender Epidemien, die in Westeuropa erst in den 1660er Jahren aufhörten (ein Ausbruch, der sich in den 1720er Jahren in Marseille ereignete, konnte eingedämmt werden).

In Hongkong wurde während der letzten Pandemie in den 1890er Jahren der Bazillus *Yersinia pestis* als der Erregerorganismus der Pest identifiziert. In letzter Zeit aber ist die Behauptung in Mode gekommen, dass der Schwarze Tod, also die Pandemie der 1340er Jahre, nicht von diesem Bazillus verursacht worden sei. Verschiedene andere Organismen wurden in Betracht gezogen, weil der

Schwarze Tod einige Merkmale hatte, die nicht dem entsprechen, was wir über die Epidemiologie der modernen Beulenpest wissen. Die Ausbreitungsrate, die Saisonalität und die Mortalitätsmuster sowie die Tatsache, dass niemand über ein Massensterben von Ratten (moderne Ausbrüche der Pest betreffen immer auch Ratten oder andere Nagetiere) berichtet hat, haben manche Forscher postulieren lassen, Milzbrand, ein unbekanntes Virus oder anderer Krankheitserreger seien die eigentliche Ursache gewesen. Auch die Vergiftung mit Mutterkorn wurde angeführt. Das Problem bei diesen alternativen Erklärungsversuchen ist, dass sie sich fast ausschließlich auf die ursprüngliche Pandemie, den Schwarzen Tod, beschränken. Betrachtet man aber die Pestjahre zwischen 1345 und 1666 als Gesamtheit, dann wird das Muster genauer erkennbar. In den späteren Fällen (zum Beispiel bei der großen Pest, die 1665 London heimsuchte) lassen medizinische und sonstige Berichte die Pest noch deutlicher erkennen. Überdies wurde sie von denen, die verschiedene Epidemien überstanden hatten, als ein und dieselbe Krankheit aufgefasst. Zwar hat niemand all diese Epidemien überstanden, aber es gab immer Ärzte, die noch den letzten Ausbruch oder vielleicht auch die letzten beiden Ausbrüche erlebt hatten. Die kollektive historische Erfahrung ist die einer einzigen, wiederholt auftretenden Krankheit, und zwar mit ziemlicher Sicherheit »unserer«, durch den Pestbazillus verursachten Pest. Die erste Epidemie traf eine Bevölkerung, die noch keinerlei Immunabwehr besaß, und es existieren viele Beispiele von anderen Krankheiten (beispielsweise Pocken oder Masern), die verheerende Ausmaße annahmen, wenn sie auf eine Bevölkerung ohne Immunabwehr trafen.

Abb. 14: Die symbolistische Lithographie von Felix Jenewein zeigt die Verzweiflung und Panik, die die wiederholten Pestepidemien im späten Mittelalter und der frühen Neuzeit hervorriefen. In unserer eigenen Angst vor der Grippe oder vor von Terroristen ausgelösten Pocken- oder Milzbrandpandemien lebt die Macht solcher Bilder weiter.

Die vermeintlichen Krankheitsursachen reichten im 14. Jahrhundert vom Zorn Gottes, der menschlichen Sündhaftigkeit und Faulheit, über gesellschaftliche Randgruppen wie Juden oder Hexen bis hin zu schlechter Luft. Häufig wurde auch die Astrologie zur Ursachenforschung herangezogen. Trotz aller vorhandenen übernatürlichen Erklärungen schärften die wiederholten Pestepidemien auch das Bewusstsein für das Thema der kommunalen Gesundheit und bewirkten eine Reihe von Maßnahmen, die die Krankheit verhindern oder eindämmen sollten. Neben Maßnahmen gegen möglicherweise erkrankte Einzelpersonen wie Isolation, Einreisekontrollen oder Zwangsunterbringung in Hospitälern standen allgemeinere wie die routinemäßige Quarantäne über Schiffe, die aus Gegenden kamen, wo die Pest grassierte, die Kontrolle der Bewegung von Personen und Gütern und die medizinische Inspektion. Die Krankheit testete die Grenzen des öffentlichen Gesundheitswesens der frühen Neuzeit aus. Und gleichzeitig belegte sie den notwendigen Zusammenhang zwischen Staat und Medizin in solchen Krisenzeiten. Einige Historiker meinen, dass der Cordon sanitaire am Süd- und Ostrand des Habsburgerreiches einen Beitrag geleistet haben könnte, die Einschleppung der Pest aus dem Nahen Osten zu begrenzen, wo sie noch lange, nachdem sie aus Westeuropa verschwunden war, endemisch blieb und gelegentlich auch noch epidemisch auftrat. Europäische Reisende des 19. Jahrhunderts, die sich in die Region wagten, nahmen die Möglichkeit der Quarantäne in einem der Lazarettos in Kauf, die zur Eindämmung der Verbreitung der Krankheit dienten.

Auf alle Fälle sorgte die Pest dafür, dass die Themen des öffentlichen Gesundheitswesens und der Krankheit erhalten blieben. In welchem Ausmaß sie zu einer dauerhaften öffentlichen Gesundheitsinfrastruktur führte, ist eine Streitfrage. Allerdings entstanden überall in Europa Pesthospitäler, und diese wurden nach dem Verschwinden der Pest häufig zur Isolierung und Behandlung anderer Infektionskrankheiten benutzt. Generell entfalteten die absolutistischen Staaten Europas bestimmte Formen einer öffentlichen Gesundheitspflege als Teil des Ausbaus des bürokratischen Apparats. Ab dem späten 17. Jahrhundert findet sich in den deutschen Staaten der Begriff einer »medizinischen Polizey«. Seinen Höhepunkt erreichte die theoretische Fundierung dieser Bestrebungen mit dem neunbändigen *System der vollständigen medicinischen Polizey* (1779–1827) von Johann Peter Frank (1745–1821), einem kosmopolitischen Arzt und Reformer des öffentlichen Gesundheitswesens. Bei Frank hatte das alte Wort durchaus schon den modernen Sinn angenommen: Er war überzeugt, dass diese Behörde Zwangs- und Machtmittel, also polizeiliche, einsetzen können müsste. Sein umfangreiches Buch beleuchtete praktisch das gesamte Leben von der Wiege bis zum Grab: die Sorge für werdende Mütter, Kleinkinder und Kinder, die Kleidung, die Wohnverhältnisse, das Straßenpflaster, die Beleuchtung und die Leichenbestattung. Auch vor unserer Zeit war schon bekannt, wie viele Aspekte des menschlichen Lebens direkt mit Gesundheitsfragen zusammenhängen.

Die späteren Bände der Arbeit Franks wurden postum veröffentlicht und reichen bereits in die Zeit zurück, in der die Impfung (die Frank enthusiastisch empfahl) die Variolation als spezifische Prävention gegen die Ansteckung mit Pocken systematisch ablöste. Diese beiden Verfahren waren die ersten spezifischen Präventionsmaßnahmen. Obwohl zahllose Ärzte beide Verfahren übernahmen, lagen ihre Ursprünge in der Volksmedizin. Die Variolation oder »Inokulation« (ein Begriff aus dem Gartenbau, der ungefähr dem Pfropfen entspricht) bestand in der Entnahme von Material aus einer Pustel eines Pockenkranken, das dann in den Körper eines gesunden Menschen eingeführt wurde, der noch niemals an Pocken erkrankt war. Das Verfahren war aus zwei Gründen sinnvoll. Zum einen waren die Pocken eine allgemein verbreitete Krankheit mit einer beträchtlichen Mortalitätsrate, die je nach den Umständen zwischen 5 % und 20 % lag. Der Vergleich mit »Windpockenpartys«, bei denen die Eltern ihr Kind mit einem anderen, das die Windpocken hat, zusammenbringen, damit es sich ansteckt und danach vor weiterer Ansteckung gefeit ist, ist nur teilweise berechtigt. Bei der Variolation bestand ein erhebliches Risiko; es stand mehr auf dem Spiel, obwohl die Strategie die gleiche war. Zum zweiten war bekannt, dass eine einzige Pockenerkrankung für lebenslange Immunität sorgte. Man nahm deshalb für die Variolation Material von einem nur leicht Erkrankten, um sich auf diese Weise vor der Gefahr zu schützen, später einmal an einer stärkeren Form der Krankheit zu sterben.

Die Variolation war eine im Orient altvertraute Prozedur. Die Chinesen praktizierten sie, indem aus dem Pockenmaterial ein Pulver gerieben wurde, welches dann durch die Nase geschnupft wurde. In der Türkei führte man das Material durch einen Kratzer in der Haut dem Körper zu. Genau diese Technik lernte Lady Wortley Montague (1689–1762) während ihres Aufenthalts als Frau des britischen Botschafters in Konstantinopel kennen. Sie ließ ihre Kinder, die die Pocken noch nicht gehabt hatten, inokulieren, worauf diese an leichten Formen der Pocken erkrankten und nach ihrer Genesung gegen die Krankheit immun waren. Sowohl Lady Montague als auch der Arzt der britischen Botschaft machten diese Neuerung in London bekannt, wo sie eingeführt wurde, nachdem König Georg II. seine Kinder durch den königlichen Leibarzt hatte inokulieren lassen. James Jurin, ein angesehener Londoner Arzt und Schüler Isaac Newtons, holte Statistiken von einer Reihe von Ärzten ein, die die Variolation praktizierten, und bewies mathematisch, dass die Wahrscheinlichkeit, an den Pocken zu sterben, sich durch dieses Verfahren beträchtlich verminderte.

In der Mitte des 18. Jahrhunderts war die Variolation vereinfacht worden und verbreitete sich stärker, insbesondere als der französische König Ludwig XV. an den Pocken starb, während sich sein Sohn, der unglückselige Ludwig XVI., 1774 erfolgreich mit Pocken hatte inokulieren lassen. Das Verfahren blieb jedoch problematisch, denn zuweilen starben Patienten nach der Variolation an der Erkrankung, und außerdem ging von ihnen immer eine Ansteckungsgefahr aus.

Wie viele andere praktische Ärzte inokulierte auch Edward Jenner (1749–1823) gelegentlich einen Patienten. Im ländlichen Gloucestershire, nahe der Gegend, wo Jenner praktizierte, wusste man, dass Melkerinnen nach dem Kontakt mit einer an den Kuhpocken erkrankten Kuh gelegentlich an der Hand so etwas wie eine einzige Pockenpustel entwickelten und danach vor den gefährlicheren Pocken geschützt zu sein schienen. Ein Bauer namens Jesty und noch ein paar andere hatten bereits Einzelpersonen

Kuhpockenmaterial in der Absicht injiziert, sie vor Pocken zu schützen, aber Jenner führte 1796 das entscheidende Experiment durch und machte das neue Präventivmittel schriftlich bekannt. Er entnahm der Melkerin Sarah Nelmes Material von einer Kuhpockenläsion an der Hand und injizierte es in den Arm eines Jungen namens James Phipps, der die Pocken noch nicht gehabt hatte. Am Arm zeigte sich ein schorfbedecktes Geschwür, doch abgesehen von einem eintägigen Fieber blieb der Junge gesund. Sechs Wochen später inokulierte Jenner ihn mit den Pocken. Der Junge erkrankte nicht, womit die immunisierende Wirkung der Kuhpockenimpfung bewiesen war.

Die Royal Society weigerte sich, Jenners Aufsatz zu publizieren, also veröffentlichte er 1798 privat seine kurze Abhandlung über das von ihm nach dem lateinischen Wort für Kuh als »vaccination« (»Vakzination«) bezeichnete Verfahren. Wie nicht anders zu erwarten, gab es einige negative Kommentare über das neue Verfahren, wobei im Mittelpunkt der Kritik die »Kontamination« von Menschen mit tierischem Material stand. Historiker haben teilweise die Ergebnisse der frühen Impfungen in Frage gestellt, und es mag sein, dass einige »Lymphe«, wie das frühe Impfmaterial genannt wurde, mit normalen Pocken kontaminiert war. Doch dessen ungeachtet wurde Jenners Arbeit in Großbritannien und im Ausland schnell aufgegriffen. Er erhielt zwei ansehnliche Ehrengaben vom britischen Parlament und konnte sich der Förderung der Impfbewegung widmen.

»Wenn sich gegen die Krankheit Vorsorge treffen lässt, warum wird dann keine Vorsorge getroffen?«, fragte der künftige König Eduard VII. einmal die Ärzte. Das war eine gute Frage, aber die deprimierende Antwort lautete, die Sache könnte zu viel kosten, es könnte an ausreichendem politischen oder medizinischen Willen zur Durchsetzung fehlen, und die Menschen (und ihre Ärzte) müssten in Präventionsfragen dazulernen, aber Bildungsmaßnahmen würden niemals alle erreichen. Auch wenn die Geschichte der Pocken schließlich so endete, wie Jenner es sich erträumt hatte, nämlich mit der vollständigen Ausrottung der Krankheit (1979), so ist das die Ausnahme und nicht die Regel. Die Prävention war immer die arme Verwandte der übrigen Formen der Medizin, trotz ihrer Dringlichkeit in den entstehenden Industriegesellschaften.

Cholera und Armut als Triebkräfte des öffentlichen Gesundheitswesens

Traditionellerweise betrachten die Historiker die öffentliche Gesundheitsbewegung des 19. Jahrhunderts als eine direkte Reaktion auf die Serie der Cholera-Pandemien, die sich in dieser Periode ereigneten. Zwar hatte die erste Pandemie (1817–1823) vor den Toren Europas Halt gemacht, nachdem sie sich von Indien bis in den Nahen Osten und nach Ostafrika ausgebreitet hatte, aber sie hatte doch das öffentliche Bewusstsein für Krankheiten geschärft, die ganze Gemeinschaften trafen. Als sich ab 1827 die zweite Pandemie aus Ostindien, der üblichen Entstehungsregion, ankündigte, beobachtete man in Europa besorgt die näher kommende Gefahr. Während der vierjährigen Wartezeit entsandten viele europäische Länder Beobachter, die die Krankheit erforschen und Empfehlungen aussprechen sollten, wie man sie am besten von Europa fernhalten könnte.

Die bangen Befürchtungen hatten hauptsächlich zwei Gründe: Es handelte sich um eine für den Westen neue, »exotische« Krankheit, mit der nur Menschen, die in tropischen Kolonien gewesen waren, schon einmal Kontakt gehabt haben konnten. Die zweite Pandemie durchquerte ganz Europa und gelangte auch nach Nordamerika. Die Ärzte begegneten hier einer neuen schweren Krankheit mit alarmierenden Symptomen und einer hohen Mortalitätsrate. Wegen der Neuartigkeit und dem epidemischen Charakter der Krankheit sprachen viele Beobachter von einer Rückkehr der Pest, was umso beunruhigender erschien, weil die von früher bekannte Beulenpest dauerhaft aus Europa verschwunden zu sein schien.

Zum zweiten warf das Muster der Ausbreitung Fragen auf. Es gab zwei unterschiedliche Erklärungsparadigmen für die Verbreitung epidemischer Krankheiten: die Miasmen- und die Ansteckungstheorie. Die Anhänger der Miasmentheorie meinten, epidemische Krankheiten verbreiteten sich durch die Luft, sie seien die Folge bestimmter atmosphärischer Bedingungen oder von in der Luft enthaltenen Partikeln. Die am häufigsten genannte Endursache für die Krankheit war verwesendes organisches Material, Müll und Kot – kurz alles, was belästigte oder schlecht roch. Die Erklärungsmacht dieses Paradigmas ließ sich leicht begreifen: Die Luft ist ein Merkmal, das einer Region gemeinsam ist. Insofern ließ sich gut begründen, warum so viele Individuen erkrankten. Mit Hilfe dieses Paradigmas, das schon dem Verfasser des hippokratischen *Buchs von der Luft, den Wassern und den Gegenden* vertraut erschienen wäre, ließen sich außerdem »gesunde« von »ungesunden« Gegenden unterscheiden. Dieser Erklärungsansatz war vorherrschend für den Komplex von Krankheiten, auf die die Europäer in tropischen Regionen trafen und von denen viele in der Alten Welt unbekannt waren. Man nannte sie allgemein nur die »Krankheiten des heißen Klimas«. Die drückende Hitze, die Feuchtigkeit und die exotische Vegetation waren unübersehbar, und so erschien es nur vernünftig, die Krankheiten und ihre Ausbreitung auf die klimatischen Bedingungen zurückzuführen.

Die Vertreter der Ansteckungstheorie behaupteten hingegen, Krankheiten würden von einem Individuum auf das nächste übertragen. Diese Theorie konnte viele Aspekte epidemischer Krankheiten erklären, beispielsweise die Tatsache, dass Personen, die sich der Pflege von Kranken widmeten, häufig die gleiche Krankheit entwickelten. Die Ansteckungstheorie befriedigte das instinktive Bedürfnis, sich von Menschen, die an gefährlichen Krankheiten litten, fernzuhalten, und bildete die Grundlage der Quarantänepraxis. Auch bediente sie die kollektive Furcht, die in marginalisierten Gruppen die Ursache der Pest und anderer furchtbarer Krankheiten erblickte.

Die mittlere Position der »umständebedingten Ansteckung« konnte leichter die Anomalien erklären, mit deren Erklärung die beiden Extrempositionen auf Schwierigkeiten stießen. Die Vertreter dieser Ansicht erklärten, Krankheiten könnten sich sowohl durch Miasmen als auch durch Ansteckung ausbreiten, das hinge von den Umständen ab. Eine Krankheit könnte beispielsweise durch verdorbene Luft in eine Gemeinschaft eindringen, dort aber würden einige Menschen so erkranken, dass sie zu Ausgangspunkten weiterer Ansteckungen würden. Hier vermischten sich die Kategorien so, dass alle Beobachtungen erklärbar waren. Unglücklicherweise aber erklären Theorien, die alles erklären, oft sehr wenig.

Einige wenige Krankheiten, wie beispielsweise die Pocken und die Masern, galten zu allen Zeiten als ansteckend, aber die meisten übertragbaren Krankheiten zeigten Muster des Auftretens und der Verbreitung, die kompliziert genug waren, um viel Raum für Debatten zu lassen. Die Keimtheorie lieferte später ein neues Paradigma für ansteckende und epidemische Krankheiten, obwohl es auch dabei noch Anomalien gab: Wie war es möglich, dass zwei Menschen, die der gleichen Infektionsquelle ausgesetzt waren, unterschiedlich reagierten, der eine also die Krankheit bekommen, der andere aber gesund bleiben konnte?

Vor der Keimtheorie gab es wenig Konsens, und in der Praxis trafen die Gemeinden oft Vorkehrungen, die sowohl der Miasmen- als auch der Ansteckungstheorie Rechnung trugen. Bei Ausbrüchen der Pest wurden Isolierung und Quarantäne verhängt, aber gleichzeitig auch Feuer entfacht, um die Luft zu reinigen, und Blumensträußchen angesteckt, um die unmittelbare Atemluft zu parfümieren. Man verhielt sich nach dem Prinzip: Wenn man nicht sicher ist, welche von zwei Maßnahmen richtig ist, ergreife man sie beide.

Die Cholera gab der uralten Problematik eine neue Dringlichkeit. Die entsendeten Beobachter, die ihren Vormarsch gen Westen beurteilen sollten, kehrten mit verschiedenen Empfehlungen zurück. Die einen hielten die Krankheit für ansteckend und empfahlen Quarantäne und Isolierung als die besten Maßnahmen. Andere glaubten, die Übertragung erfolge durch die Luft, und votierten für die üblichen sanitären Verbesserungen – Abwasserdrainage und saubere Straßen – als besten Schutz gegen die Ausbreitung. Die europäischen Regierungen hörten sich die verschiedenen Vorschläge an, blieben aber schließlich in den meisten Fällen bei den altehrwürdigen Maßnahmen der Quarantäne und der Inspektion der Menschen und Waren, die aus Infektionsgebieten kamen.

Selbst Großbritannien, das Heimatland des Laissez-faire, versuchte sich an Quarantänemaßnahmen, als die erste Pandemie ab 1830 Westeuropa erreichte. In Sunderland, einer Hafenstadt im Nordosten, traten Ende 1831 die ersten Cholerafälle Englands auf, und die Cholera verbreitete sich von dort schrittweise in alle Himmelsrichtungen und erreichte zu Beginn des Jahres 1832 auch London. Das Verbreitungsmuster überzeugte die Anhänger beider Theorien von der Richtigkeit ihrer jeweiligen Vermutung. Aber fast jeder musste nach dem Abklingen der Epidemie zu dem Schluss kommen, dass sich das Quarantänesystem nicht bewährt hatte. Später dann vertraute die britische Gesundheitspolitik vorrangig auf die Überwachung der Häfen und die Isolierung verdächtiger Fälle, womit beide Paradigmen abgedeckt wurden. Großbritannien verfügte damals über den bei weitem größten Seehandel und hatte damit durch kostspielige und den üblichen Geschäftsgang störende Quarantänemaßnahmen am meisten zu verlieren. Ab 1851 gab es regelmäßig internationale sanitäre Konferenzen, die sich hauptsächlich mit der Cholera befassten. Großbritannien und das britische Indien widersetzten sich dabei immer dem Einsatz der Quarantäne als Routinemaßnahme zur Seuchenkontrolle. Alle wussten um die wirtschaftlichen Folgen solcher Maßnahmen. Es

Abb. 15: Selbst während der ersten Choleraepidemie in den 1830er Jahren war es in England möglich, die behördlichen Maßnahmen zu verulken. Beamte mit Zylinderhüten schnüffeln nach verdächtigen Gerüchen, während das Schwein belustigt zuschaut.

war offensichtlich, dass Großbritanniens Gesundheitspolitik von wirtschaftlichen Erwägungen gelenkt wurde.

Der führende Vertreter der frühen britischen Volksgesundheitsbewegung, Edwin Chadwick (1800–1890), festigte die Miasmentheorie. Chadwick hatte Jura studiert und war der letzte Sekretär des utilitaristischen Philosophen und Reformers Jeremy Bentham (1748–1832) gewesen. Von Bentham übernahm Chadwick die Prinzipien der Effektivität und die einfache Gleichsetzung des Nutzens mit dem Glück (»der größte Nutzen für die größte Zahl« ist der Leitspruch des Utilitarismus). Chadwick kam über seine Beschäftigung mit der Armut – und insbesondere mit den Auswirkungen des Armenrechts, des juristischen Instruments zum Umgang mit Armut und Not – auf die Frage des öffentlichen Gesundheitswesens. Das alte Armenrecht stammte noch aus dem späten 16. Jahrhundert und war für eine Gesellschaft, die eine rapide Industrialisierung und Verstädterung erlebte, vollkommen unzureichend geworden. Großbritannien war die erste Industrienation, und die älteren Formen des Umgangs mit der Armut waren für eine Wirtschaft mit industrieller Lohnarbeit, saisonaler Arbeitslosigkeit, städtischer Armut und einem wachsenden Klassenbewusstsein nicht mehr geeignet.

Mit voller Wucht schlug die erste europäische Choleraepidemie 1832 in Großbritannien durch, aber auch in anderer Hinsicht war das Jahr 1832 ereignisreich. Im Parlament wurde ein Reformgesetz verabschiedet, das die ungleiche parlamentarische Repräsentanz, ein Ergebnis der Bevölkerungsverschiebungen durch das schnelle Wachsen der Industriestädte, ein wenig verringerte und auch das Wahlrecht erweiterte. Außerdem setzte das Parlament die Poor Law Commission ein, die untersuchen sollte, wie das alte Armenrecht funktionierte, und Vorschläge zu seiner Reform unterbreiten sollte. Die Reform wurde nach Jahren intensiver Debatten, die teilweise unter dem Eindruck von Thomas Robert Malthus' *Essay on the Principle of Population* (erste Aufl. 1798, siebte Aufl. 1872; dt.: *Über die Bedingungen und Folgen der Volksvermehrung*, 1807) standen, schließlich verabschiedet. Malthus hatte die Zweischneidigkeit der Armenunterstützung herausgearbeitet: Indem man die Armen am Leben erhielt, könnte sich die Armut in den folgenden Generationen nur noch verschlimmern, weil durch die Ernährung von Armen noch mehr Armut geschaffen würde. Das »Bevölkerungsgesetz«, das Malthus postulierte, besagt, dass die natürlichen Organismen stets mehr Nachkommen produzieren, als tatsächlich überleben können. Von diesem eisernen Gesetz sei auch der Mensch nicht ausgenommen, weil die Bevölkerung geometrisch wachse, die Mittel zur Lebenserhaltung hingegen nur arithmetisch wüchsen. Krankheit, Elend, Kriege, Laster, Mangel und Not dezimierten die Menschheit; griffe man in dieses System ein, indem man mehr arme Kinder am Leben erhielte, wäre dies langfristig von Schaden.

Die von Malthus entwickelte Bevölkerungsfalle war nur eines der Themen, denen sich die Poor Law Commission von 1832 stellen musste. Ihr Sekretär war Chadwick, der als bestimmende Persönlichkeit die Erfassung der 15 000 Gemeinden und ihrer Art der Anwendung des alten Armenrechts leitete. Das Statut war im späten 16. Jahrhundert, zur Zeit Elisabeths I. geschaffen worden und sollte aus den örtlichen Steuereinnahmen eine letzte Hilfsmöglichkeit für Menschen bieten, die sich aufgrund von Krankheit, Verletzungen, Arbeitslosigkeit oder anderen Missgeschicken nicht selber helfen konnten. Das Gesetz war für eine ganz überwiegend statische und ländliche Gesellschaft aufgestellt worden und erwies sich der wachsenden Mobilität, Industrialisierung und Verstädterung in Großbritannien nicht gewachsen. Die Krise kam 1815, nach dem Ende der napoleonischen Kriege, als Tausende von Soldaten nach Hause zurückkehrten und dort keine Arbeit finden konnten. Da die Anwendung des Gesetzes in den Händen von 15 000 verschiedenen Gemeindeämtern lag, wurde ganz unterschiedlich verfahren, was Chadwicks utilitaristischer Einstellung zutiefst widersprach. Der 1834 veröffentlichte Bericht der Kommission, der die Grundlage für das neue Armenrecht bildete, das noch im gleichen Jahr verabschiedet wurde, empfahl die Vereinheitlichung und Gleichschaltung der Maßnahmen, damit überall im Land die gleichen Regeln und Vorschriften angewendet würden.

Das neue Armenrecht, das viele wegen seiner Härte hassten, bildete bis zu seiner Abschaffung im Jahr 1929 die Verordnung zur Armenpflege. Chadwick hatte Präsident der neuen Verwaltungsbehörde werden wollen, musste sich aber mit der Stellung des bezahlten Sekretärs zufrieden geben. Die Umsetzung des neuen Gesetzes auf der Alltagsebene konfrontierte Chadwick mit dem Zusammenhang von Armut und Krankheit. Die Ärzte hatten schon lange festgestellt, dass epidemische Krankheiten im allgemeinen Arme stärker trafen als Wohlhabende, und meinten, dies hinge mit den beengten Wohnverhältnissen, der unzureichenden Ernährung und weiteren Mangelerscheinungen zusammen. Chadwicks Ausgangsproblem war, dass viele das neue Armenrecht in Anspruch nehmen mussten, weil der Ernährer einer Familie krank geworden war und nicht arbeiten konnte.

Durch Krankheit konnte also eine Familie verarmen. Subtiler war der Umkehrschluss: Konnte die Armut selber Krankheiten verursachen? Chadwick und viele seiner Zeitgenossen versahen die Armut an sich mit einem moralischen Makel; sie behaupteten, die letzte Ursache liege in einem individuellen Versagen: in unklug geschlossenen Ehen, in fehlender Sparsamkeit, in Ausgaben für Alkohol und andere Laster. Nichtsdestoweniger folgte aus dem Umstand, dass die Krankheit ein wichtiger Entstehungs-

Abb. 16: Gustave Dorés Radierungsfolge *London:* Eine Pilgerfahrt (1872) fängt brillant die Überfüllung und Armut ein, die in der größten und reichsten Stadt Europas herrschten.

faktor von Armut war, eine Entlastung des Armenetats durch die Prävention gegen, wie er sie nannte, »Schmutzkrankheiten«. Als überzeugter Vertreter der Miasmentheorie führte er »Schmutzkrankheiten« wie Cholera, Typhus und Scharlach auf die schlechten Gerüche verrottenden organischen Materials zurück. Die Lösung lag auf der Hand: Sauberkeit. Schmutz verursachte Krankheiten, Sauberkeit verhinderte ihren Ausbruch.

Chadwicks Weg vom Reformer des Armengesetzes zu einem von der Krankheitsprävention Besessenen vollzog sich in den wenigen Jahren zwischen 1834 und 1842, als er einen der klassischen Texte der frühen öffentlichen Hygienebewegung vorlegte: *Report on the Sanitary Condition of the Labouring Population of Great Britain* (»Bericht über die hygienische Lage der arbeitenden Bevölkerung in Großbritannien«). Er nutzte die neuen statistischen Möglichkeiten der Zeit (die zivilen Geburts-, Ehe- und Sterberegister waren 1837 eingeführt worden), um die gewaltigen Unterschiede der Sterberaten und der Lebenserwartung zu quantifizieren, die zwischen überbevölkerten Stadtgebieten und ländlichen Regionen sowie zwischen Arm und Reich herrschten. Um das Problem der »Schmutzkrankheiten« zu lösen, empfahl er das von ihm sogenannte »arteriovenöse« System: die Versorgung mit Trinkwasser und Entsorgung des Abwassers. Wenn die Haushalte mit unter Druck stehendem fließenden Wasser versorgt würden, ließe sich Sauberkeit leichter herstellen, und wenn das Schmutzwasser in verglasten, gegen Lecks geschützten Röhren abgeleitet würde, wäre das Problem der Jauchegruben und der Bodenverseuchung gelöst. Würde man das Abwasser aus den Städten heraus zu Klärwerken führen, könnte man es in Dünger verwandeln, diesen mit Gewinn an Bauern verkaufen, durch den Dünger die Ernteerträge steigern und dadurch die Ernährungslage verbessern. Das war unter den gegebenen Umständen eine saubere ingenieurtechnische Lösung für die Volksgesundheit, auch wenn sie nicht alle Probleme löste, weil Chadwicks Blickwinkel hinsichtlich der Ursachen von Krankheiten beschränkt war.

Als 1848 die Cholera zurückkehrte und eine Gesundheitsbehörde geschaffen wurde, erhielt Chadwick als eines von drei Vorstandsmitgliedern (als viertes kam später ein Arzt hinzu) seine Chance, das öffentliche Gesundheitswesen zu beeinflussen. Das Gesetz zur Einrichtung dieser Behörde sah weitgehend Freiwilligkeit vor. Die Gemeinden erhielten das Recht, einen Sanitätsbeamten (Medical Officer of Health; MoH) einzustellen, wenn 10 % der Steuerzahler dafür votierten. Der Sanitätsbeamte wurde erst obligatorisch, wenn die geschätzte Todesfallrate über 2,3 % lag. Die Freiwilligkeitsklausel erwies sich als ein trojanisches Pferd, weil der Sanitätsbeamte das Niveau der Prävention erhöhte und überall im Land die verbindliche Einführung solcher Stellen forderte. Der Übergang von der Freiwilligkeit zur Pflicht wurde in liberalen, am Laissez-faire orientierten Gesellschaften zu einer Regel, die auch heute noch erkennbar ist. Bei der Untersuchung von fast jeder gesellschaftlichen Frage tauchen weitere auf, die Aufmerksamkeit verdienen.

Während seines ganzen langen Lebens ließ Chadwick die Idee von Schmutz als Krankheitsursache nicht los, ebensowenig der Glaube an die heilende Kraft der Sauberkeit. 1854 musste er trotz der Rückkehr der Cholera sein Amt aufgeben, weil er sich mit seinem diktatorischen Stil zu viele Feinde gemacht und offen Zwangsgesetze hatte durchsetzen wollen. Sie kamen, aber schrittweise und durch die Hintertür.

In der Zwischenzeit wurde das Konzept der »Schmutzkrankheiten« neu definiert. Erst im Rückblick erkannte man, dass der italienische Arzt Filippo Pacini (1812–1883) schon während der Pandemie von 1854 die Erregerorganismen der Cholera mit dem Mikroskop entdeckt und beschrieben hatte. Genauso wichtig war, dass der Londoner Anästhesist, Epidemiologe und praktische Arzt John Snow (1813–1858) nachwies, dass die Cholera nicht durch die Luft, sondern durch das Wasser übertragen wird. Während des ersten Choleraausbruchs war Snow Medizinstudent; als erfolgreicher und ehrgeiziger niedergelassener Arzt erforschte er die Krankheit während der Epidemien, die 1848 und 1854 London heimsuchten. Die Epidemie von 1848 lieferte ihm gute Hinweise darauf, dass die Krankheit durch mit Kot verseuchtes Wasser übertragen wurde; im Jahr 1854 untermauerte er seine These mit zwei klassischen kommunalen Großversuchen. Berühmt geworden ist vor allem die Pumpe in der Broad Street – ganz der Stoff, aus dem Legenden sind. Diese Pumpe im Zentrum Londons, in Soho (die Straße heißt heute Broadwick Street), wurde von den Bewohnern vieler Häuser genutzt, die überwiegend keinen direkten Zugang zu fließendem Wasser hatten. Indem Snow systematisch alle Fälle Haus für Haus untersuchte, die sich in dem Gebiet mit einer einzigen Wasserpumpe zutrugen, und auch die Fälle jener einbezog, die weiter entfernt wohnten, aber Wasser aus der Pumpe getrunken hatte, konnte er diese als Ursache der Übertragung ausmachen. In die Pumpe führte nämlich ein offenes Abflussrohr hinein. Die öffentlichkeitswirksame Entfernung des Pumpenschwengels war zwar ein symbolischer, kein praktischer Akt, da die Epidemie bereits im Abklingen war, zog aber viel Aufmerksamkeit auf sich.

Snows zweite epidemiologische Untersuchung war eindrucksvoller. Er verglich die Krankheitsfälle bei Menschen, die ihr Wasser von zwei verschiedenen Unternehmen bezogen. Beide Firmen nutzten die Themse, aber die eine filterte das Wasser und gewann es im Oberlauf, vor der Stelle, wo die Londoner Abwässer eingeleitet wurden, die andere verkaufte ungefiltertes Wasser aus dem Unterlauf mit allem, was durch die Kanalisation hineinkam. In manchen Fällen bezogen einige Menschen, die in der gleichen Straße wohnten, die gleiche Luft atmeten und unter ähnlichen Verhältnissen lebten, ihr Wasser von der einen, die anderen von der anderen Gesellschaft. Snow konnte nachweisen, dass Menschen, die ihr Wasser von dem »schlechten« Unternehmen erhielten, eine 13-mal höhere Wahrscheinlichkeit hatten, an der Cholera zu erkranken, als jene, die ihres von der anderen Firma bezogen.

Snows Beweismaterial wirkt auf uns heute erdrückend. Für die meisten seiner Zeitgenossen aber war das nicht so, und die Debatten über das Wesen und die Ursache der Cholera hielten noch Jahrzehnte an, sogar noch, nachdem Robert Koch, in der Ära der Bakteriologie, 1884 den Cholera auslösenden Organismus beschrieben hatte. Alte Denkweisen sterben langsam, aber immerhin hörten, als Hamburg im Verlauf der Pandemie der 1890er Jahre von der Cholera heimgesucht wurde, mehr Menschen auf Koch als vierzig Jahre zuvor auf Snow. Kochs Beweise waren eindrucksvoll, aber Snows waren es nicht minder gewesen. Wie das folgende Kapitel zeigen wird, konnten erst mit der Durchsetzung der Naturwissenschaft echte Helden der modernen Medizin auftreten.

Die Einführung der öffentlichen Gesundheitsverwaltung

»Im Anfang war das Wort«, erklärt das Johannes-Evangelium. Heute steht am Anfang meistens die Zahl. Wir leben nach der Uhr, folgen dem Auf und Ab der Börsenkurse oder der Hypothekenzinsen, wir erleben den heißesten oder feuchtesten Monat seit Beginn der systematischen Wetteraufzeichnungen. Die zeitgenössische Gesellschaft ist von Zahlen durchsetzt, sie bestimmen unser Leben.

Beweiskräftige Aussagen zum öffentlichen Gesundheitswesen sind unvermeidlich statistisch. Wenn das Interesse an der Volksgesundheit zu großen Teilen ein Produkt der Industrialisierung und Urbanisierung war, die die westliche Welt ab dem späten 18. Jahrhundert umwandelte, so beruhte es doch gleichzeitig auf der Zahlenmentalität, die die Gewinne und Verluste der Fabriken, die Zähmung der Dampfkraft, die doppelte Buchführung und die Volkszählungen begleitete. Genau wie wir fühlten sich die Viktorianer von Fakten und Daten überwältigt.

Bei der Quantifizierung der Medizin (und der Gesellschaft überhaupt) sollten drei Dimensionen besondere Erwähnung finden: statistische Erhebungen, Überwachung und die statistische Signifikanz.

Die Erhebung ist die grundlegendste Form. Die Poor Law Commission von 1832 wurde als Pionier der landesweiten Erhebungen beschrieben, und für ihre Zeit war sie tatsächlich etwas Neues. Chadwick und seine Kollegen schickten jeder Gemeindeverwaltung, die für die Armenpflege zuständig war, einen detaillierten Fragebogen und versuchten, die Antworten aufzugliedern. In den späten 1830er Jahren gab Chadwick Erhebungen über den Zusammenhang zwischen Armut, Überfüllung und Schmutzkrankheiten in Auftrag. Eine der ersten Maßnahmen von John Simon (1816–1904) als Nachfolger Chadwicks an der Spitze der British Public Health Movement war eine europaweite Erhebung über den Grad der Impfung und ihre Wirksamkeit, um Argumente für oder gegen die Einführung der Zwangsimpfung zu erhalten. Die Erhebung überzeugte ihn, dass sich der Ausbruch der Pocken am besten durch kostenlose Impfungen verhindern ließ. Während seiner Amtszeit verlor Simon immer mehr den Glauben an die Überzeugungsarbeit als Mittel zur Umsetzung gesundheitspolitischer Ziele; unter seiner Leitung führte Großbritannien den mit Strafen bewehrten allgemeinen Impfzwang ein, wobei die Impfungen öffentlich finanziert wurden und für den Einzelnen kostenlos waren.

Überall in der entwickelten Welt nahm man in der Mitte des 19. Jahrhunderts die Macht der Zahlen zur Kenntnis. Gesellschaftliche Fragen von medizinischer Relevanz wurden wiederholt Gegenstand von Erhebungen. Die Fragen der Armut, der Kinderarbeit, der Arbeitsbedingungen in den Fabriken, der Lebensmittelverfälschung, der Wasserversorgung, der Prostitution, der baulichen Mindestanforderungen und natürlich auch der epidemischen Krankheiten wurden alle untersucht. Die Untersuchung des einen Themas warf oft andere Fragen auf, die ebenfalls nach Aufmerksamkeit verlangten. So führte etwa das Thema der Beschäftigung von Kindern zum Verrichten schlecht bezahlter, zermürbender Arbeiten notwendigerweise auf allgemeinere Fragestellungen zur Bildung und Gesundheit von Kindern. Dass Mr. Gradgrind, die Romanfigur von Charles Dickens, die »Fakten« wissen will, ist kein Zufall: Viele Europäer dachten im 19. Jahrhundert so. Und die »Fakten« lagen zunehmend in tabellarischer oder einer anderen quantifizierten Form vor.

Erhebungen warfen alle möglichen gesellschaftlichen und medizinischen Fragen auf. Die Überwachung war eine ergänzende Strategie, mit der man systematisch Entwicklungen folgen oder beunruhigende Probleme genau beobachten wollte. Viele Überwachungsstrukturen haben eine lange Geschichte. Schon seit dem Mittelalter mussten beispielsweise französische Metzger damit rechnen, dass in regelmäßigen Abständen Inspektoren kamen und das Fleisch begutachteten, das sie verkauften. Auf Märkten und Jahrmärkten gab es eine Aufsicht. Wachen schützten Grenzen, Häfen und befestigte Städte, insbesondere bei Ausbruch der Pest oder anderer epidemischer Krankheiten; die Menschen hatten damit zu rechnen, dass sie und ihre Waren inspiziert werden würden. Die absoluten Monarchen und Despoten brauchten Informationen über das Kommen und Gehen bei ihren Feinden. Das FBI, die CIA, der MI5 und der KGB hatten viele Vorläufer, ja die meisten der frühen Überwachungsnetze hatten mit Sicherheit und Kontrolle und nichts mit Gesundheitsfragen zu tun.

Sobald Bestimmungen eingeführt sind, müssen sie auch überwacht werden, und so wurden Sanitätsbeamte, Betriebsärzte, Hafenärzte und all die übrigen, die im Dienst der öffentlichen Gesundheit standen, zu einem vertrauten Bestandteil der westlichen Gesellschaft des 19. Jahrhunderts. Der Fall, in dem sich die polizeiliche Funktion der Gesundheitsbeamten, aber auch der praktischen Ärzte, am

Abb. 17: Anders als in Abb. 15, wo der Eingriff des Staates in das Privatleben zum Gegenstand der Satire wird, ist der staatliche Impfarzt auf diesem Bild von Lance Calkin (um 1901) ein Mann mit Autorität, der ruhig seiner Arbeit nachgeht und diese jungen Mädchen vor den Pocken schützt.

deutlichsten zeigte, war die Einführung des Konzepts der meldepflichtigen Krankheit. Eine Reihe örtlicher Verwaltungen hatte darauf bestanden, dass Pockenfälle den zentralen Behörden gemeldet werden müssten. Im Zuge der Bakteriologie in den 1880er Jahren traten nationale Pläne in Kraft, die mehrere Krankheiten als ansteckend und als Gefahr für die öffentliche Gesundheit klassifizierten. Die Pocken, Scharlach, Typhus und schließlich auch Tuberkulose und Syphilis wurden zu Krankheiten erklärt, bei denen das Risiko für die Allgemeinheit schwerer wiege als die ungestörte Privatsphäre und die individuelle Behandlung durch einen Arzt. Zu den anderen Aufgaben der praktischen Ärzte kam nun die der Überwachung hinzu (der Widerstand gegen diese bürokratische Maßnahme ebbte ab, als die Ärzte ein Honorar für das Ausfüllen der Formulare erhielten). Während dabei in Großbritannien und anderswo die Gesundheitsbeamten im Vordergrund standen, wurde doch von allen Ärzten erwartet, dass sie sich an der Überwachungsarbeit beteiligten.

Welche rechtlichen, medizinischen und ethischen Probleme mit der Überwachung verbunden waren, zeigt auf krasse Weise der berühmte Fall von Mary Mallon (1869–1939), der »Typhus-Mary«. Im ersten Jahrzehnt des 20. Jahrhunderts stand die gebürtige Irin bei einer Reihe wohlhabender New Yorker Familien als Köchin in Diensten. Sie war vollkommen gesund, zeigte aber alle Merkmale des kurz zuvor von Robert Koch erkannten »Überträgerstatus«, das heißt, sie verbreitete Typhusbakterien, ohne selber Typhussymptome zu zeigen. In mehreren Familien steckte sie Personen an; die isolierten Fälle wurden von den Gesundheitsbeamten untersucht. Die einfache Einwanderin war sich keines Fehlverhaltens bewusst. Sie stellte dennoch eine Gefahr für die öffentliche Gesundheit dar und wurde wegen dieses »Verbrechens« eingekerkert.

Die Erhebung war das Mittel der Behörden, um unbekannte Zusammenhänge aufzuspüren; die Überwachung wurde zu einer Pflicht für alle Ärzte, zu denen ein Patient mit einer meldepflichtigen Krankheit kam. Die Statistik wurde zum Betätigungsfeld jener, die besonders ausgebildet waren, um das Wesen von Korrelationen und Ursachen zu erkennen. Die moderne Volksgesundheitsbewegung entstand gleichzeitig mit den statistischen Gesellschaften und zum großen Teil aus gleichen Gründen. Beide waren Reaktionen auf die Industrialisierung, und vielfach fand man auch in beiden Institutionen die gleichen Personen wieder.

Obwohl die Wahrscheinlichkeitsrechnung schon Ende des 17. Jahrhunderts entwickelt wurde, war die auf ihr beruhende Statistik im frühen 19. Jahrhundert noch nicht sehr anspruchsvoll. Die statistischen Gesellschaften widmeten sich hauptsächlich dem Sammeln von Beobachtungen, die dann in tabellarischer Form präsentiert wurden. Die Einführung staatlicher Sterberegister in vielen Ländern Europas zog die jährliche Auflistung der Todesfälle und der Sterbeursachen nach sich und damit verbunden internationale Versuche, die diagnostischen Kategorien zu standardisieren. Obwohl viele der auf Symptomen beruhenden Krankheitskategorien (wie »Fieber« und »Gelbsucht«) als eigenständige Krankheiten nicht mehr in Betracht kamen, blieben sie in der Nosologie weiterhin wichtig, da die Ärzte sowohl auf nationaler wie auch internationaler Ebene Gewissheit über die Krankheiten haben wollten, die auf den Totenscheinen und in den Jahresberichten der Krankenhäuser angegeben waren.

Ebenfalls von dauernder Wichtigkeit war die Einführung der »Signifikanz« in die Statistik durch die Arbeit von Francis Galton (1822–1911), dem Vetter von Charles Darwin. Galton faszinierte die Frage der Vererbung. Er entwickelte mathematische Verfahren, um die jeweiligen Anteile beider Elternteile, der Großeltern und weiterer Ahnen an der erblichen Ausstattung eines Individuums zu bestimmen. Als Vater der Eugenik machte ihm vor allem die (wie er es sah) unterschiedliche Geburtenrate zwischen »nutzlosen« Armen und »verantwortlichen« Eltern aus der Mittelklasse Sorgen. Galton quantifizierte viele menschliche Merkmale wie Körpergröße, Lebensdauer, Muskelkraft und »Erfolg« im Leben. Er führte die Vererbung in die Volksgesundheit ein, einen Bereich, in dem zuvor hauptsächlich Umweltfaktoren wie Überfüllung und Schmutz im Vordergrund gestanden hatten. Nach Galton mussten dann dort sowohl »Natur« wie auch die »Auferziehung« berücksichtigt werden.

Galton war zwar Mathematiker und Mediziner, aber als solcher praktizierte er nicht. Sein Schüler Karl Pearson (1857–1936) stellte die Statistik in das Zentrum der experimentellen Naturwissenschaften und der klinischen Medizin. Unsere Vorstellungen von statistischer Signifikanz mit dem zugehörigen Wert »p« (die 95-prozentige Wahrscheinlichkeit, dass die gemessene Variable korrekt ist) verdankt ihm viel. Pearson untersuchte die Erblichkeit von Tuberkulose und Alkoholismus, doch am meisten interessierte ihn die Frage der Vererbung in der Evolutionsbiologie. Seine Schüler und Anhänger stellten die Mathematik in das Zentrum der Epidemiologie und der Evaluierung neuer Therapien durch die Entwicklung der klinischen Studie.

Die Entwicklungen des 20. Jahrhunderts haben die Erhebungen und Tabellen, die die frühen Advokaten der Volksgesundheit anstellten und vorlegten, stark verändert. Aber geblieben ist die Botschaft jener, die sich im 19. Jahrhundert mit Krankheiten in der Gemeinschaft befassten – dass nämlich Fakten und Zahlen wichtig sind. Die *méthode numérique*, die Louis im Krankenhaus so erfolgreich angewendet hatte, fand auch außerhalb der Krankenhäuser ihren Widerhall. Es galt, Daten zu evaluieren: im Krankenhaus, in der Gemeinschaft und im Labor. Die mathematischen und statistischen Werkzeuge, um dies zu erreichen, gewannen in der modernen Forschung zu Gesundheitsfragen und Krankheitsprävention immer stärker an Bedeutung.

5 Die Medizin im Labor

Die Verwissenschaftlichung der Medizin

Die westliche Medizin hat zu allen Zeiten den Anspruch auf »Wissenschaftlichkeit« erhoben, nur die Ansichten darüber, was darunter zu verstehen sei, haben sich gewandelt. Die hippokratischen Ärzte hätten sich zu den Wissenschaftlern oder, wie die Griechen es nannten, den »Naturphilosophen« gezählt, ebenso wie die vielen Anhänger Galens. Die Medizin, die sie praktizierten, hatte zwei grundlegende »wissenschaftliche« Attribute.

Das erste ist die zugrundeliegende Rationalität, was besagt, dass, bezogen auf ihre Weltanschauung, ihre Handlungen, das heißt ihre Diagnosen und Therapien, sinnvoll waren. Das ist natürlich eine relativistische Ansicht von Wissenschaft, denn rational ist in diesem Sinne auch die astrologische Medizin, sofern man einen Einfluss der Planeten und Fixsterne auf menschliches Verhalten und irdische Ereignisse anerkennt. Um die astrologische Medizin zu verwerfen, muss man die ihr zugrundeliegenden Prinzipien ablehnen, nicht die Rationalität der ihrer Anerkenntnis folgenden Überlegungen.

Das zweite »wissenschaftliche« Attribut ist, dass die medizinische Praxis von jeher in Erfahrung oder »Empirie«, womit auch unser Wort »Experiment« zusammenhängt, wurzelt. Die »Erfahrung« sagte den Ärzten und ihren Patienten beispielsweise, dass der Aderlass half. Tausende anderer Heilmittel, die uns unwirksam oder sogar ekelhaft erscheinen, wurden von den Ärzten aufgrund ihrer Erfahrungen verordnet. Die Historiker können erfolgreiche Kuren dieser Art mit der heilenden Kraft der Natur, mit der Gesundung des Patienten trotz und nicht wegen der Behandlung oder mit dem alten logischen Fehlschluss des *post hoc, ergo propter hoc* erklären, den wir oben bereits erwähnt haben. Diese retrospektiven Urteile ändern aber nichts daran, dass die damaligen Ärzte nach eigener und der Ansicht ihrer Zeitgenossen bei ihren Behandlungen »rational« und »wissenschaftlich« vorgingen.

Seit der frühen Neuzeit kamen zu der Erfahrung in immer wachsendem Ausmaß Experimente hinzu, die häufig in einem Labor durchgeführt wurden. Nach seiner Grundbedeutung bezeichnet Labor den Ort, wo jemand arbeitet. Ursprünglich handelte es sich um einfache Zimmer in den Wohnungen von Personen, die über genügend Zeit und Interesse verfügten, um in die Geheimnisse der Natur einzudringen. Das typische und auch am meisten abgebildete Labor aus jener Frühzeit ist das der Alchemisten – Naturphilosophen, die danach trachteten, unedle Metalle in Gold zu verwandeln. Ihre Geräte waren der Ofen, der Destillierapparat, Reagenzien, die Balkenwaage und Destilliergefäße verschiedener Form. Wer sich für Anatomie, Physiologie und die anderen Lebenswissenschaften interessierte, besaß Seziertische, chirurgische Instrumente und Gerätschaften, um die Parameter, die er gerade untersuchte, messen oder wiegen zu können. Der belgische Arzt Jan Baptist van Helmont (1579–1644) beispielsweise pflanzte einen Weidenschößling in einen Topf und bewässerte diesen fünf Jahre lang täglich mit Regenwasser. Nach dieser Zeit wog er den Baum und die Erde erneut. Das Gewicht der Erde war noch ungefähr das gleiche wie vor fünf Jahren, während der Baum nun um

164 Pfund schwerer war – eine Gewichtszunahme, die Helmont allein auf das Wasser zurückführte. In Italien entwarf Santorio Santorio (1561–1636) einen Stuhl, in dem er sich wiegen konnte. Er führte genau Buch über das Gewicht dessen, was er aß und trank, und das Gewicht seiner Ausscheidungen. Die Differenz des Gewichts führte er auf den Verlust durch »unsichtbare Transpiration« zurück. William Harvey sezierte Schlangen, Kröten und andere Kaltblüter, um auf der Suche nach dem Verständnis der »Bewegung des Herzens« und des Blutkreislaufs den Herzschlag genauer beobachten zu können. Albrecht von Haller (1708–1777) führte eine umfangreiche Serie von Experimenten mit lebenden Tieren durch, um die Irritabilität (Reizbarkeit; die Fähigkeit, auf äußere Stimuli zu reagieren, eine Eigenschaft der Muskeln) von der Sensibilität (der Fähigkeit, zu empfinden, ein Ergebnis der Nervenfunktion) zu unterscheiden. Der Impuls zum Experiment besitzt in der Medizin eine lange Tradition, wobei oft auch eine quantitative Einstellung mitspielt, weil das, was messbar ist, gewusst werden kann.

Zu den Werkzeugen, die in diesen frühen wissenschaftlichen Arbeitsstätten zu finden waren, gehörte auch das Mikroskop. Es gab Probleme mit der Verzerrung und Abbildungsfehlern, die schon damals erkannt wurden, und Historiker haben zuweilen die Mikroskopie aus der Zeit vor dem 19. Jahrhundert als Spielerei wohlhabender Dilettanten abgetan. Die jüngere Forschung hat aber gezeigt, welch wichtige Rolle die Mikroskopie seit ihrer Einführung im 17. Jahrhundert in seriösen wissenschaftlichen Debatten spielte, allen voran in den Arbeiten von

Anthoni van Leeuwenhoek (1632–1723), einem Autodidakten in der Mikroskopie, der in den Niederlanden als Tuchhändler arbeitete, und von Robert Hooke (1635–1703), der ebenfalls von bescheidener Herkunft war, aber in der Breite seiner Forschungsinteressen nur mit Isaac Newton vergleichbar ist. Hooke prägte in seiner *Micrographia* (1665) das Wort »Zelle«. Da man mit dem Mikroskop eine ganz neue Welt anschauen konnte, wurden die technischen Probleme, verglichen mit den Möglichkeiten, die sich durch die Nutzung boten, als weniger bedeutend erachtet. Im 19. Jahrhundert wurde das Mikroskop zum Symbol des medizinischen Forschers und spielte damit die gleiche Rolle wie das Stethoskop für den fortschrittlichen Kliniker.

Zellen: das immer noch Kleinere

Die Grundeinheit für das medizinische Verständnis von Krankheit wurde immer genauer gefasst. Die Humoralpathologie betrachtete den ganzen Körper, Morgagni die Organe, und Bichat erkannte, wie wichtig das Gewebe für die Klassifizierung und Analyse pathologischer Veränderungen war. Dann kam den Zellen eine Schlüsselrolle zu, und sie sind seither von zentraler Bedeutung geblieben, auch nachdem die Medizin subzellulare Einheiten und Moleküle als entscheidende Bestandteile der Dynamik von Krankheitsprozessen erkannt hat.

Die Zelltheorie, die schließlich ab den 1830er Jahren triumphierte, kann als Grundstein sowohl der modernen medizinischen Wissenschaft als auch der Biologie gelten. Das Wort »Biologie« erscheint erstmals 1801, das englische

Wort *scientist* aber wurde erst 1833 geprägt.[1] Die Entstehung der beiden Wörter verweist darauf, dass sich in diesen Jahrzehnten etwas grundsätzlich veränderte. Im frühen 19. Jahrhundert wurden mehrere Theorien aufgestellt, denen zufolge ganze Organismen aus mikroskopisch kleinen Einheiten bestehen. Einige dieser Einheiten, z. B. die »Globuli«, beruhten nur auf der optischen Unzulänglichkeit der damals gebräuchlichen Mikroskope. Aber die technischen Schwierigkeiten wurden in den späten 1820er Jahren weitgehend überwunden. Regelmäßig erschienen Beschreibungen von Einheiten, in denen wir die uns bekannten »Zellen« und deren Bestandteile, insbesondere den Zellkern, wiedererkennen können.

In den Jahren 1838 und 1839 stellten dann zwei deutsche Wissenschaftler, Mathias Jacob Schleiden (1804–1881) und Theodor Schwann (1810–1882), die Theorie auf, dass Zellen die Grundbausteine von Pflanzen beziehungsweise Tieren seien. Dass beide Forscher Deutsche waren, ist kein Zufall, denn ein großer Teil der modernen biomedizinischen Forschung entstand in Deutschland, innerhalb des deutschen Universitätssystems. Schleiden war Botaniker, Schwann ausgebildeter Arzt und ein Schüler von Johannes Peter Müller (1801–1858), dem seinerzeit wichtigsten medizinischen Lehrer. Schwanns brillante Forscherlaufbahn begann mit grundlegenden Entdeckungen über das Wesen der Gärung und der Verdauung, ehe er seine Zelltheorie

1 Im Deutschen verläuft die Entwicklung anders: Das alte Wort »Wissenschaft«, welches »Wissen«, »Kenntnis« bedeutete, erfuhr eine Sinnverengung; Ende des 18. Jahrhunderts trat die Neuprägung »Naturwissenschaft« auf, zu der später als Komplement die »Geisteswissenschaften« hinzukamen (Anm. des Übers.).

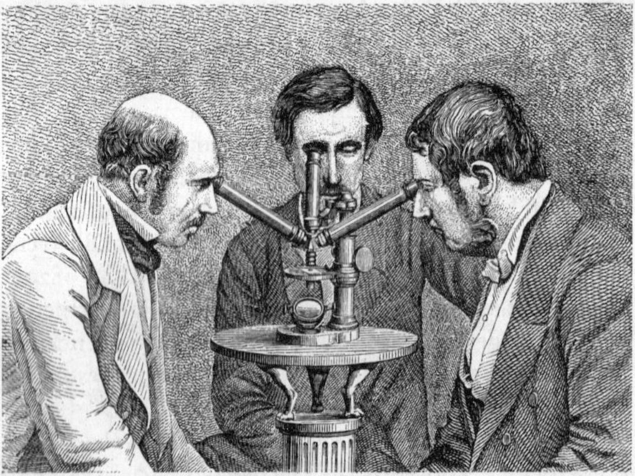

Abb. 18: Eines der ungelösten Probleme der Mikroskopie war, dass nur eine Person zum gegebenen Zeitpunkt das Bild betrachten konnte. Robert Koch machte die Mikroskopie öffentlicher, indem er die Kamera verwendete, um Bilder aufzuzeichnen. Eine 1871 erfundene, geselligere Lösung war dieses Mikroskop mit drei Röhren, die es ermöglichten, dass sich drei Personen über das vergrößerte Bild austauschen und damit zu einer objektiven Verifizierung kommen konnten.

ausarbeitete. Er behauptete, dass komplexe Organismen aus Ansammlungen integrierter Zellen beständen und dass deshalb die normalen und pathologischen Funktionen mit Bezug auf die Lebensmerkmale dieser Einheiten verstanden werden müssten. Er glaubte, dass sich primitive Zellen im frühen Embryonalstadium oder in entzündetem Gewebe aus einer amorphen Flüssigkeit, dem »Blastem«, herauskristallisieren würden. Diese Theorie schien seine Vorstellung, dass das Leben im wesentlichen ein physikalischer Prozess sei, mit dem in Übereinstimmung zu bringen, was das Mikroskop enthüllte.

Schwann gab seinen zuversichtlichen Materialismus bald auf und widmete sich in den letzten Jahrzehnten seines Lebens religiösen und philosophischen Spekulationen. Seine Zelltheorie stieß jedoch auf allgemeine Zustimmung und wurde von anderen auf die Medizin angewendet, darunter von Rudolf Virchow (1821–1902), der bestimmenden Persönlichkeit der medizinischen Forschung im Deutschland des 19. Jahrhunderts. In der immer militanteren deutschen Gesellschaft jener Zeit blieb Virchow ein überzeugter Liberaler, der in seiner Jugend radikale politische Ansichten vertreten hatte. Während der Aufstände, die die Choleraepidemie von 1848 begleiteten, war der junge Virchow führender Vertreter einer Gruppe reformorientierter Ärzte und ging als Revolutionär auch einige Zeit auf die Barrikaden von Berlin. Um ihn ins Abseits zu stellen, entsandten ihn die preußischen Behörden in das seinerzeit preußische, heute polnische Oberschlesien mit dem Auftrag, eine Fleckfieberepidemie zu untersuchen. Seinen Bericht wollten die Behörden allerdings nicht zur Kenntnis nehmen, da er als Ursachen der Epidemie soziales Elend, Armut, Analphabetismus und politische Ungleichheit anführte. Virchow erklärte, dass sich diese und vergleichbare Epidemien am besten durch Demokratie, Bildung und wirtschaftliche Gerechtigkeit kontrollieren ließen. Nach seiner Ansicht bestand eine wichtige Aufgabe der Ärzte auch darin, sich klar für diese Ziele einzusetzen. Die Ärzte seien die natürlichen Fürsprecher der Armen, weil sie durch ihren Beruf genaue Kenntnisse über die gesellschaftlichen und sozialen Ursachen der Krankheiten hätten.

Virchow setzte sich als Politiker und Hygieniker stark für Reformen ein, unter anderem als Abgeordneter im deutschen Reichstag und beim Berliner Gesundheitsamt. Gern verglich er den menschlichen mit dem staatlichen Organismus, indem er die Bürger als die Zellen des Staates bezeichnete. In ihrer täglichen Arbeit müssten sich die Ärzte den Folgen stellen, die die Armut auf die Gesundheit hätte. Überdies interessierte sich dieser unglaublich tatkräftige Mann auch noch für Anthropologie und Archäologie und gab mehrere Zeitschriften und vielbändige Bücher heraus. Das von ihm begründete und mehr als ein halbes Jahrhundert lang herausgegebene *Archiv für pathologische Anatomie und Physiologie und für klinische Medicin* existiert als *Virchows Archiv* noch heute. Vor allem als Pathologe ist Virchow noch heute berühmt. Er, der seine Studenten lehrte, »mit dem Mikroskop zu denken«, und immer davon überzeugt war, dass das Mikroskop das entscheidende Instrument zum Verständnis von Krankheitsprozessen sei, griff frühere Zelltheorien auf und wandte sie auf die Medizin an. Ihm kamen Zweifel, dass die von Schwann postulierten »Blasteme« tatsächlich die Ursache neuer Zellen – etwa im frühen Embryonalstadium oder bei entzündlichen Gewebereaktionen – seien, und er stellte dagegen die These auf, dass alle Zellen von Stammzellen abstammten (*Omnis cellula e cellula*). Zwar hatte er dieses Schlagwort nicht selber geprägt, aber er überzeugte die wissenschaftliche Welt davon, dass Zellen nicht kristallisieren oder auf andere Weise spontan entstehen, sondern stets das Ergebnis einer Zellteilung sind. In den 1850er Jahren arbeitete er seine Zellularpathologie in einer Reihe von Aufsätzen aus, die überwiegend in seinen eigenen Zeitschriften erschienen. Nach einer siebenjährigen Pathologieprofessur in Würzburg kehrte er 1858 nach Berlin zurück und veröffentlichte dort einen Vorlesungszyklus unter dem Titel *Die Zellularpathologie in ihrer Begründung auf physiologische und pathologische Gewebelehre.* In diesem Buch zeigte er, dass die Zellen die Grundeinheiten aller physiologischen und pathologischen Aktivitäten sind und dass sich die alltäglich vorkommenden klinischen Fälle wie etwa akute und chronische Entzündungen, die Entstehung und das Wachstum von Krebs sowie körperliche Reaktionen auf äußere Stimuli wie Reizung oder Druck im Rahmen der Zelltheorie produktiv begreifen lassen. Er stellte die Zelle ins Zentrum der Pathologie, auch als er ein umfassenderes biologisches Prinzip ausarbeitete.

Virchow stellte zu verschiedenen Krankheiten wichtige Beobachtungen an, darunter zu Venenentzündung, Embolie, Krebs sowie zu Amyloidose, einer seltenen Krankheit, über die man immer noch nicht viel weiß. Er war zudem der einflussreichste Lehrer der Pathologie im 19. Jahrhundert; viele der bedeutendsten Pathologen der folgenden Generation hatten an seinem Berliner Institut studiert. Obwohl er auch einige aktive Tierversuche durchführte, widmete er sich in seiner Arbeit größtenteils der Untersuchung pathologischer Gewebe und Zellen und dem Abgleich seiner Ergebnisse mit den klinischen Befunden, die schon zu Lebzeiten der Patienten vorlagen. Er war Zeuge der Entwicklung neuer mikroskopischer Techniken wie der Benutzung des Mikrotoms zum Zerschneiden von Gewebe in dünne, besser zu untersuchende Scheiben und der Einfärbung, dank derer sich die Merkmale der Zellen, etwa ihr Kern und die Teilchen im Zytoplasma, besser darstellen lassen. Zwar führte auch Virchow Experimente durch, aber die experimentelle Pathologie entwickelte sich erst gegen Ende seines Lebens. Virchow selber verfolgte die Entwicklung dieser Disziplin mit Interesse, schloss sich aber nie vorbehaltlos der Keimtheorie an.

Keime: das neue Evangelium

Im medizinischen Pantheon genießt kaum jemand mehr Verehrung als der »heilige Louis« – Louis Pasteur (1822–1895). Dass er nicht einmal ein qualifizierter Arzt, wohl aber Physiker und Chemiker war, sagt viel über die wachsende Bedeutung der Naturwissenschaften für die Medizin aus. Dass er meist im Labor arbeitete und nur gegen Ende seines Lebens auch einmal ans Krankenbett trat, um zuzuschauen, wenn Ärzte einem Patienten sein Tollwutserum injizierten, macht deutlich, welch bedeutenden Platz das Labor in dem Gesamtbild der modernen Medizin einnimmt.

Traditionell gilt die Keimtheorie als der Beginn einer wirksamen und daher modernen Medizin. Revisionistische Historiker betonen allerdings, dass erst nach jahrzehntelangen Debatten ein Konsens darüber erzielt wurde, dass viele der historisch bedeutenden Krankheiten – unter anderem Fleckfieber, Tuberkulose, Syphilis, Cholera, Malaria, die Pocken und die Grippe – von Mikroorganismen verursacht werden. Außerdem, so betonen die Revisionisten, hatte die Medizin auch lange nach Pasteurs Tod noch keine wirksamen Therapien zu bieten. Durch das Auftreten neuer Krankheiten wie der HIV-Infektion, des Lassafiebers oder der Legionärskrankheit, aber auch durch die weitverbreitete Entwicklung medikamentenresistenter Mikroorganismen und die zunehmende Häufigkeit nichtinfektiöser chronischer Krankheiten in der westlichen Gesellschaft erscheint die Keimtheorie mittlerweile ohnehin in einem anderen Licht. Ab den 1950er Jahren veröffentlichte Thomas McKeown (1912–1988), Professor für Sozialmedizin in Birmingham, eine Reihe einflussreicher Studien, die nahelegen, dass der Rückgang der Mortalitätsraten in den westlichen Gesellschaften in erster Linie auf Verbesserungen der Ernährung und des allgemeinen Lebensstandards zurückzuführen sei; die organisierte Medizin hätte, jedenfalls bis in die unmittelbare Vergangenheit, nur wenig dazu beigetragen.

Nach diesem Verständnis der Medizin des 19. Jahrhunderts hätten Pasteur, Robert Koch (1843–1910) und die anderen Vorreiter der Mikrobiologie, Bakteriologie und der damit verbundenen Labordisziplinen zwar interessante Forschungsarbeit geleistet, die grundlegende Bedeutung für die Patienten und die Lebenserwartung sei aber übertrieben worden. Was genau hatten diese Menschen herausgefunden, und waren diese Erkenntnisse wirklich so wichtig?

Pasteur war nicht der erste, der Bakterien und andere Mikroorganismen entdeckte, und er sprach auch nicht als erster von »Krankheitserregern«. Aber seine ab den 1850er Jahren angestellten Forschungen zeigen eine wunderbare inhärente Logik. Seine gesamte Laufbahn lässt sich, wie kaum bei einem anderen Wissenschaftler, als eine Folge von Zufallsbeobachtungen und Chancen begreifen, bei der das Ganze mehr war als die schon beträchtliche Summe seiner Teile. Pasteur begann sich während seiner Studien zur Kristallisierung für Mikroorganismen zu interessieren und zeigte, dass die Kristalle der Weinsäure (einem Nebenprodukt der Gerberei), die durch gewöhnliche chemische Verfahren hergestellt werden, stets optisch neutral sind, während jene, die er erhielt, nachdem Mikroorganismen an der Arbeit gewesen waren, eine Drehung des polarisierten Lichtes aufwiesen. Das überzeugte ihn davon, dass lebende Organismen spezielle Eigenschaften hätten, und führte ihn zur Erforschung der Eigenschaften von Hefe und weiteren industriell wichtigen Organismen, die beim Backen, dem Bierbrauen und der Fermentierung Anwendung finden. Seine bahnbrechenden Experimente zur Spontanerzeugung nahmen ihn in den frühen 1860er Jahre mehrere Jahre lang in Anspruch und fanden im Gefolge von Darwins *On the Origin of Species by Means of Natural Selection, or the Preservation of Favoured Races in the Struggle for Life* (1859; deutsche Erstausgabe: *Über die Entstehung der Arten im Thier- und Pflanzen-Reich durch natürliche Züchtung, oder Erhaltung der vervollkommneten Rassen im Kampfe um's Daseyn*, übers. von H. G. Bronn, 1860) besonderen Widerhall. Die berühmten Flaschen mit dem Schwanenhals, der verhindern sollte, dass die durch Erhitzen sterilisierten Lösungen nachträglich über die Luft verunreinigt wurden, sind untrennbar mit dem verklärten Bild verbunden, das wir von Pasteur haben. Seine Experimente lieferten ihm den Beweis, dass es keine Spontanerzeugung von Mikroorganismen gibt. Er gewann eine öffentliche Auseinandersetzung mit einem Kollegen, obwohl dieser die Experimente wiederholte und dabei oft Organismen in den Lösungen entdeckte. Als später Pasteurs Labor-Notizbücher erschienen, stellte sich heraus, dass auch seine eigenen Experimente zuweilen gescheitert waren, das heißt, dass sich Organismen in den Flaschen vorfanden und dass Pasteur diese Resultate stillschweigend unterschlagen hatte. Da er mit dem Heubazillus (einem Verwandten des Milzbranderregers) arbeitete, dessen Sporenform gegen Hitze resistent ist, waren »negative« Ergebnisse bei Pasteurs Experimenten zu erwarten. Indem er diese unterschlug, setzte er sich gegen seine Kontrahenten durch. Pasteur verstand es immer, auf das richtige Pferd zu setzen und seiner einmal gefassten Überzeugung treu zu bleiben.

Neben den Experimenten zur Spontanerzeugung befasste sich Pasteur mit der Rolle der Hefe und anderer Mikroorganismen bei den Gärprozessen von Wein und Bier sowie beim Sauerwerden der Milch. Schwann und andere deutsche Forscher waren zu dem Schluss gekommen, dass diese wichtigen, im Alltag zu beobachtenden Reaktionen rein chemischer Natur wären, Pasteur aber beharrte darauf, dass dafür lebende Organismen erforderlich wären, es sich also um Lebensprozesse handelte. Er erbrachte wichtige praktische Erkenntnisse für Winzer und Bierbrauer und führte die »Pasteurisierung« zur Sterilisierung von Milch und anderen Substanzen ein, um deren Verderben zu verzögern.

Seine Reputation war um 1870 so groß, dass die französische Regierung ihn beauftragte, eine angebliche Infektionskrankheit bei Seidenraupen zu untersuchen, die die Seidenindustrie bedrohte. Er nahm seine Familienangehörigen mit, spannte sie in die Arbeit ein, identifizierte

Abb. 19: Louis Pasteur war einer der am häufigsten abgebildeten Naturwissenschaftler des 19. Jahrhunderts. Auf dieser Grafik hält er zwei Kaninchen, wichtige Versuchstiere bei der Erforschung der Tollwut. Das Bild erschien 1887 in *Vanity Fair*, einer von 1868 bis 1914 publizierten Wochenzeitschrift, in deren Porträtserie nur die berühmtesten Persönlichkeiten dargestellt wurden.

schließlich die beiden verantwortlichen Mikroorganismen und zeigte, wie man sie daran hindern konnte, ihre schädigende Wirkung auszuüben. Nach dieser Arbeit sprach er immer häufiger von einer »Keimtheorie« in Bezug auf Krankheiten und erforschte die krankheitserregenden Eigenschaften von Bakterien. Wie es für einen medizinisch nicht qualifizierten Wissenschaftler passend war, wandte er sich einer Krankheit zu, die sowohl bei Tieren wie auch beim Menschen auftrat: dem Milzbrand. Der Milzbrand hat eine besondere Eigenschaft. Anders als bei den meisten bakteriellen Infektionen ist das Bakterium in der Regel auf Objektträgern sichtbar, auf die Blut eines befallenen Tiers oder Menschen aufgebracht wird. Pasteur und mehrere seiner Rivalen gingen davon aus, dass der Milzbrand von diesen Bakterien verursacht wurde, und suchten nach Wegen, das Bakterium »abzuschwächen«, so dass es Immunität hervorrufen, aber keinen Ausbruch der Krankheit bewirken sollte. Als Pasteur glaubte, einen erfolgversprechenden Impfstoff gegen Milzbrand zu haben, tat er – als gewiefter Publizist und der vielleicht erste große Wissenschaftler, der sich auf den Umgang mit den Medien verstand – einen wagemutigen Schritt: Er lud Journalisten ein, der Inokulation von Nutztieren mit dem Impfstoff und danach der Injizierung lebendiger, virulenter Milzbrandbazillen beizuwohnen. Unter den Augen der Öffentlichkeit gingen viele der infizierten, nicht zuvor geimpften Tiere ein, während keines der geimpften (er wählte zu Ehren Jenners den Ausdruck »vaccination«) starb. Über den Erfolg des Versuchs wurde weltweit berichtet.

Nach den Milzbrandexperimenten stand Pasteur im Scheinwerferlicht der Öffentlichkeit, eine Rolle, auf die er sich gut verstand. Seine letzte große Entdeckung war ein Impfstoff gegen Tollwut, eine zwar relativ seltene Krankheit, deren Verlauf aber so heftig war und stets mit dem Tod endete, dass sie allgemein Furcht und Schrecken hervorrief. Pasteur musste hier sozusagen blind arbeiten, denn Tollwut wird (wie wir heute wissen) von Viren verursacht, winzigen Organismen, die man zu Pasteurs Zeiten nur an ihren Auswirkungen erkennen konnte. Die Pocken, das Gelbfieber, die Masern, die Grippe und eine Reihe anderer Viruserkrankungen waren bekannt. Auch das Wort »Virus« wurde schon lange in einem allgemeinen Sinne verwendet. Es bezeichnete den die Krankheit verursachenden »Giftstoff«. Eine präzisere biologische Bedeutung erhielt es erst im 20. Jahrhundert als »filtrierbares Virus«, das heißt als ein Erreger von solcher Winzigkeit, dass er mit Hilfe von Filtern, die Bakterien und andere größere biologische Krankheitserreger auffingen, nicht ausgefiltert werden konnte. Verfahren mit Gewebekulturen und schließlich das Elektronenmikroskop ermöglichten die Bestimmung und Klassifizierung von Viren.

Für Pasteur stellte sich bei der Tollwut eine zweite Schwierigkeit. Der Erreger war nicht nur unsichtbar, Pasteur wusste auch nicht, wie er ihn kultivieren könnte. Da er erkannte, dass die Symptome der Tollwut auf eine Infektion des Nervensystems hindeuteten, arbeitete er mit dem Rückenmark von Kaninchen. Indem er infiziertes Material in Serie einsetzte, lernte er, das »Tollwutgift« mehr oder weniger virulent zu machen. Die Latenzzeit zwischen dem Biss eines tollwütigen Hundes oder anderen Tieres und der Entwicklung von Symptomen beim Opfer ließ die Möglichkeit zu, in dem betroffenen Körper Widerstandskräfte anzuregen. Bei dieser Idee gab es so viele Unwägbarkeiten, dass ein derartiger Forschungsantrag heute keine Chance hätte, die erste Hürde einer Forschungsförderungsinstitution zu nehmen. Angesichts dessen, was Pasteur und seine Zeitgenossen über die Tollwut und über Viren wussten, musste sein Vorhaben vermessen erscheinen. Aber anders als die tragischen Helden des griechischen Altertums ging Pasteur nicht an seiner Hybris zugrunde, sondern verwirklichte seine Tollwutbehandlung und wurde von einem Star zu einem Heiligen der Wissenschaft. Sein erster bekannt gewordener Patient, Joseph Meister, der von einem wahrscheinlich tollwütigen Hund gebissen worden war, überlebte, und bald wurden weitere Patienten behandelt. Die Tollwutbehandlung fand internationale Anerkennung, aus ganz Europa kamen Patienten nach Paris (wobei Eile geboten war), um sich die erforderliche Serie von Injektionen geben zu lassen. Außerdem überzeugte sie einen großen Teil der Öffentlichkeit vom Nutzen medizinischer Forschung, so dass reichlich Spendengelder flossen. Das überwiegend durch öffentliche Subskriptionen finanzierte Institut Pasteur in Paris wurde 1888 unter großem Gepränge eröffnet. Viele andere Institute folgten überall im französischen Einflussbereich und darüber hinaus. Eine große Zahl der auswärtigen Institute befasste sich hauptsächlich mit der Herstellung von Impfstoffen und anderen biologischen Produkten; die Pariser Zentrale stellte zwar auch Impfstoffe her, ihr wesentliches Ziel war (und ist) aber die medizinische Forschung. Die letzten sieben Jahre seines Lebens verbrachte Pasteur als Präsident des nach ihm benannten Pariser Instituts, wo er auch wohnte, starb und beerdigt wurde.

Auch Robert Koch stand an der Spitze einer Reihe von Instituten, doch wurden diese überwiegend vom Deutschen Reich finanziert – symptomatisch für den Umgang mit wissenschaftlicher Forschung in Deutschland im Gegensatz zum Rest der Welt. Die Beziehungen zwischen Frankreich und dem Deutschen Reich waren nach der schnellen Niederlage, die Bismarcks Armeen Frankreich im Deutsch-Französischen Krieg (1870–1871) beigebracht hatten, frostig. Die Wissenschaft galt (und gilt) als international und objektiv, als Überwinderin der Grenzen von Ethnie, Religion, Nationalität und Geschlecht. Die Wirklichkeit war allerdings immer anders, und in den persönlichen und beruflichen Beziehungen zwischen Koch und Pasteur waren die nationalen Antipathien deutlich spürbar. Pasteur gab nach dem Deutsch-Französischen Krieg die Ehrungen zurück, die ihm von Staaten des Deutschen Bundes verliehen worden waren, und weigerte sich, deutsches Bier zu trinken. Koch seinerseits versuchte, möglichst viele eigene Entdeckungen den mikrobiologischen und immunologischen Entdeckungen der Franzosen entgegenzustellen. Bei internationalen Konferenzen verliefen die Begegnungen zwischen Pasteur und Koch zwar höflich, aber kühl.

Die frühe Bakteriologie bot beiden Forschern eine reiche wissenschaftliche Ausbeute, allerdings war ihr wissenschaftlicher Arbeitsstil grundverschieden. Pasteur zog es vor, seine Mikroorganismen in Glaskolben zu kultivieren, und er änderte ständig die Nährlösung für die Kulturen. Einen großen Teil seiner Forschungen hielt er geheim, nur er selber und einige enge Mitarbeiter hatten Zugang. Der um eine Generation jüngere Koch war in seinen Arbeitstechniken viel präziser. Er führte die Mikrofotografie ein, um der Welt besser objektive Daten präsentieren zu können. Er kultivierte die Bakterien auf Agar-Agar, einem soliden Trägermedium, das das Problem der Kontaminierung minimierte. Er war Vorreiter im Einsatz von Sterilisationsgeräten, sein Schüler Petri führte später die nach ihm benannte Schale ein. Koch war ein medizinischer Bakteriologe, Pasteur hingegen ein Mikrobiologe, den die Welt der sehr kleinen Lebewesen faszinierte. Pasteur schritt von Triumph zu Triumph, während Koch nach ein paar Jahrzehnten brillanter Leistungen im Alter nicht mehr an die Ruhmestaten seiner Jugend anknüpfen konnte.

Kochs erste bedeutende Arbeit betraf den Milzbranderreger. Als praktischer Arzt arbeitete er unmittelbar nach dem Deutsch-Französischen Krieg den Lebenszyklus dieses komplexen Bakteriums heraus, das eine Sporenform besitzt, weshalb es viele Jahre im Boden überdauern kann. Einer seiner alten Lehrer war von Kochs Leistungen so beeindruckt, dass er ihm Forschungsmöglichkeiten verschaffte. Die frühen Resultate waren geradezu erstaunlich: Zu nennen sind die oben angeführten technischen Innovationen, wichtige Arbeiten über die Rolle der Bakterien in der Genese von Wundinfektionen sowie als krönende Leistung die Bestimmung der Erregerorganismen der wichtigsten Krankheit des 19. Jahrhunderts, der Tuberkulose (1882), sowie der furchteinflößendsten Erkrankung, der Cholera (1884). Die Bestimmung dieser beiden Mikroorganismen war eine bedeutende technische Leistung. Der Tuberkulosebazillus ist heikel, wächst langsam und lässt sich schlecht einfärben. Es war eher unwahrscheinlich, dass die Tuberkulose bakteriell verursacht wird, weil es sich um eine chronische Erkrankung mit vielfältigen konstitutiven Merkmalen handelt, die an unterschiedliche Umweltfaktoren gebunden ist, worüber eine ausführliche Fachliteratur vorlag.

Koch berichtete über seine Leistungen auf dem Gebiet der Cholera aus Indien. Dorthin war er gegangen, nachdem französische und deutsche Expeditionen 1883 zur Erforschung eines Choleraausbruchs nach Ägypten gereist waren. Die französische Expedition war katastrophal gescheitert: Einer der vielversprechenden jungen Schüler Pasteurs war gestorben, und die Teilnehmer kehrten ohne greifbare Ergebnisse zurück. Koch glaubte zwar, dass er und seine Gruppe in Ägypten den Choleraerreger identifiziert hätten, aber Sicherheit hinsichtlich eines spezifischen Organismus in den Eingeweiden ist schwer zu gewinnen, weil dort immer sehr viele Bakterien leben. Koch ging deshalb anschließend nach Indien, dem Ursprungsland der Cholera, und bestimmte dort einen kommaförmigen Organismus, der sowohl im Trinkwasser als auch in den Ausscheidungen von Opfern der Cholera zu finden war. Die Cholera galt aber allgemein so sehr als eine Krankheit, die von Schmutz, verdorbenem Wasser und hohen Wasserständen abhing, dass Kochs Bestimmung eines spezifischen Choleraerregers nur allmählich akzeptiert wurde. Der führende deutsche Hygieniker Max von Pettenkofer (1818–1901) war überzeugt, dass bei der Cholera eine Interaktion mehrerer verursachender Faktoren notwendig sei, von denen der »Keim« nur ein Aspekt war. In einer berühmt gewordenen Aktion trank er in aller Öffentlichkeit einen Glaskolben mit Kochs Bazillus aus und entwickelte nur leichten Durchfall, aber keine voll ausgebildete Cholera. Noch in den 1890er Jahren setzte sich die Kontroverse

Abb. 20: Robert Koch wurde häufig mit seinem Mikroskop abgebildet. Das Bild zeigt ihn 1896 oder 1897 in Südafrika als eifrigen Wissenschaftler, umgeben von Gerätschaften der Bakteriologie wie etwa Glaskolben und Petrischalen. Einen spezifischen Ortsbezug gibt es nicht: Das Labor kann sich überall befinden, wo westliche Naturwissenschaft betrieben wird.

um Kochs Bazillus in der Forschung fort. Der teilweise wirksame Impfstoff, den der aus Russland stammende Waldemar Haffkine (1860–1930) in Indien aus dem Bazillus herstellte, half, das Blatt zugunsten Kochs zu wenden. Die Verbreitung des Organismus über die orale Aufnahme und Ausscheidungen beantwortete die meisten epidemiologischen Fragen.

Kurz vor der Wende zum 20. Jahrhundert hatte sich die wissenschaftlich ausgerichtete medizinische Meinung zur Keimtheorie gewandelt. Die meisten Debatten drehten sich nun um die Frage, ob ein bestimmter Organismus eine bestimmte Krankheit auslöste, oder, als man mehr über Immunologie und die Pathophysiologie von Infektionen wusste, um die Eigenschaften der bakteriellen Toxine. Das Prinzip der Keimtheorie hatte inzwischen Eingang in die medizinischen Lehrbücher gefunden, die meisten Medizinstudenten lernten es während ihres Studiums kennen. Einige Mediziner lehnten die Keimtheorie natürlich nach wie vor ab, und andere glaubten, Bakterien könnten zwar einen gewissen Einfluss auf Infektionskrankheiten haben, wären aber nicht die alleinigen Verursacher. Der Bezugsstandard hinsichtlich der Krankheitsverursachung waren die Postulate Robert Kochs, die bei ihm zwar implizit vorhanden waren, aber nie so deutlich formuliert wurden wie von seinem Schüler Friedrich Löffler (1852–1915), der über die Diphtherie sinngemäß schrieb:

> Wenn Diphtherie eine von einem Mikroorganismus verursachte Krankheit ist, müssen drei Postulate erfüllt sein. Die Erfüllung dieser Postulate ist notwendig, um strikt die parasitische Natur der Krankheit zu erweisen:

1. Es muss gezeigt werden, dass der Organismus ständig in charakteristischer Form und Anordnung in dem erkrankten Gewebe vorhanden ist.
2. Der Organismus, der seinem Verhalten nach als für die Krankheit verantwortlich erscheint, muss isoliert und in Reinkultur vermehrt werden.
3. Es muss experimentell gezeigt werden, dass die Reinkultur die Krankheit auslöst.

Aber diese hohen Anforderungen waren bei vielen Krankheiten schwer zu erfüllen. Je mehr die Bakteriologen und Immunologen über die Pathophysiologie von Infektionen herausfanden, als desto komplizierter erwies sich der gesamte Prozess. Bakterien konnten leicht aus der Haut, dem Magen, dem Hals oder Körperflüssigkeiten von Personen gewonnen werden, die keine deutlichen Krankheitszeichen aufwiesen, und viele dieser Bakterien waren identisch mit jenen, die bei anderen Personen mit der Krankheit zusammenhingen.

Wer den gesamten Prozess bezweifelte, konnte darauf verweisen, dass viele Keime von dem einen Arzt als Krankheitsursache angesehen, aber von anderen als solche nicht anerkannt wurden. Keime wurden mit vielen Erkrankungen in Zusammenhang gebracht, die später auf andere Ursachen zurückgeführt wurden. Koch selber identifizierte den »Trägerstatus«, der in dem Fall der »Typhus-Mary« so wichtig werden sollte. Dabei »ankert« ein pathogener Keim im Körper eines vollkommen gesunden Menschen. Bei der Untersuchung des Ausbruchs von Krankheiten stellte sich damit die heikle Frage, warum einige Menschen erkranken und andere, die dem Keim in ähnlicher Weise ausgesetzt sind, gesund bleiben. Darüber hinaus verhielten sich die Viruserkrankungen wie Krankheiten, die von Keimen übertragen wurden, doch waren ihre Erreger nicht zu sehen.

Für eine Reihe von Erkrankungen, die wir heute als viral verursacht ansehen, wurden bakterielle Erreger in Vorschlag gebracht. Vieles musste man noch auf Vertrauen akzeptieren, und die Ärzte waren sich nicht einig.

Keime, Medizin und Chirurgie

Trotz der Uneinigkeiten und obwohl eine beträchtliche Menge Unsinn im Namen der Wissenschaft vorgebracht wurde, war das Vertrauen aus zwei theoretischen und zwei praktischen Gründen gerechtfertigt. Von den theoretischen Gründen war zwar keiner völlig neu, aber beide entfalteten ihre volle Wirkung erst nach der Übernahme der Keimtheorie. Der erste ist die Trennung zwischen der Krankheitsursache und dem Körper des Patienten. Die Keime sind körperextern. Auch wenn es erforderlich war, die Reaktion des einzelnen Patienten über die Abläufe in seinem Körper zu verstehen, war die Ursache für die Erkrankung also anderswo zu finden. Die Krankheit war etwas, das dem Patienten widerfuhr, und obgleich die Gewohnheit, den Menschen die Verantwortung für die ihnen widerfahrenden Krankheiten zuzuschreiben, zählebig war (und noch ist, insbesondere bei sexuell übertragbaren und bei sogenannten Zivilisationskrankheiten), erleichterte die Trennung zwischen Patient und Krankheitsursache doch den Ärzten die Entwicklung objektiver Diagnosekriterien.

Die zweite wichtige theoretische Implikation der Keimtheorie war die wachsende Erkenntnis, dass spezifische Keime spezifische Krankheiten verursachen. Die ältere Hygienemedizin hatte die meisten epidemischen Krankheiten als etwas Gleichartiges angesehen und gemeint, die Krankheiten könnten auf ihrem Weg durch eine Gemeinschaft ihre Eigenart verändern. Die »Schmutzkrankheit« war noch für Edwin Chadwick die einzige diagnostische Kategorie, gleichgültig ob sie sich als Fleckfieber, Typhus, Cholera, Wundrose, Scharlach oder in Form jeder anderen der epidemischen Krankheiten manifestierte, die unter den beengt lebenden städtischen Armen auftrat. Nun lieferten die Keime eine biologische Grundlage für die Unterschiedlichkeit der verschiedenen »Fiebererkrankungen« und verwandelten schließlich das Fieber aus einer Krankheit in ein Zeichen für eine Krankheit. Die Klassifizierung der Krankheiten wurde nach der verbreiteten Einführung amtlicher Sterberegister (bei denen die Todesursache anzugeben war) zu einem wichtigen medizinischen Thema. Das internationale Interesse an größeren Epidemien, vor allem Choleraausbrüchen, machte es zusätzlich erforderlich, dass diese Aufzeichnungen zur Todesursache über nationale Grenzen hinaus verständlich sein mussten, und so reihte sich die Nosologie in die umfassenden Bestrebungen ein, das naturwissenschaftliche und medizinische Vokabular präziser zu gestalten.

Die praktischen Auswirkungen der Keimtheorie waren weitreichend, aber zwei verdienen, besonders herausgestellt zu werden. Zum einen führte die Keimtheorie zur Herausbildung einer antiseptischen, später aseptischen Chirurgie. Der Einsatz der Anästhetika Äther und Chloroform ab den 1840er Jahren veränderte die Prioritäten der Chirurgen, weil sich der Schmerz nunmehr kontrollieren ließ. Dass diese beiden Substanzen Produkte chemischer Forschungen sind, unterstreicht die fortbestehende Bedeutung des Labors für die klinische Praxis. Die Äther-Anästhesie war übrigens der erste große amerikanische Durchbruch in der Medizin, wenngleich ihre Einführung mit allerlei Sensationsgeschichten, wem der Vorrang gebühre, mit gescheiterten Versuchen an Patienten und dem traurigen Ende vielversprechender Karrieren befrachtet ist. Die erste öffentliche Vorführung einer Operation unter Äthernarkose fand am 16. Oktober 1846 am Massachusetts General Hospital statt. Die Nachricht verbreitete sich in Europa, so schnell die Dampfschiffe sie trugen, und die nationalen Medizingeschichten sind voll von örtlichen »ersten« Operationen unter Anwendung der neuen Substanz. Das Chloroform folgte innerhalb eines Jahres, und die Suche nach weiteren Substanzen, die Patienten schmerzfrei machen konnten, setzte sich fort.

Keine medizinische Innovation bleibt ohne Widerspruch, darin bildete die Anästhesie keine Ausnahme. Dem Einsatz im Kindbett widersetzten sich einige, weil sie meinten, die biblischen Worte an Eva forderten, dass das Gebären mit Schmerzen verbunden sein solle; einige Armeeärzte glaubten, verwundete Soldaten benötigten den Stimulus der Schmerzen, um die Operation besser ertragen zu können, und außerdem schärften ein paar Todesfälle bei der Verabreichung von Narkosemitteln das Bewusstsein für die Gefährlichkeit der Substanzen. Diese Themen finden manchmal in der historischen Literatur besondere Beachtung, dabei ist das Bemerkenswerteste an der frühen Geschichte der Anästhesie die Geschwindigkeit, mit der Ärzte und Patienten die neue Möglichkeit der Schmerzkontrolle in Anspruch nahmen. Da Chirurgen nun längere Zeit zum Operieren hatten, wurde es leichter, Gewebe zu konservieren. Andererseits waren die offenen Wunden nun länger der Luft ausgesetzt, wodurch sich die Möglichkeit postoperativer Infektionen erhöhte. Deswegen wuchsen die Operationsmöglichkeiten der Chirurgen, ohne dass dies notwendigerweise die Chancen der Patienten, die Prozedur zu überleben, erhöhte.

Die Anästhesie legte die Grundlage für einen Aspekt der modernen Chirurgie, die Grundlage des zweiten bildete die Antisepsis und insbesondere die Asepsis. In den späten 1860er Jahren war Joseph Lister (1827–1912) der Vorreiter der antiseptischen Chirurgie. Lister stammte aus einer Quäkerfamilie, aber sein Vater hatte an der Entwicklung des achromatischen Mikroskops mitgearbeitet, so dass der Junge also in einem wissenschaftlich orientierten Haushalt aufwuchs. Es heißt, er sei bei der ersten Operation unter Anwendung von Äther in Großbritannien anwesend gewesen, die von Robert Liston (1794–1847), dem Professor für Chirurgie des University College Hospital, durchgeführt wurde. Noch als Medizinstudent veröffentlichte Lister bedeutende Aufsätze zur Mikroskopie; nach seinem Abschluss am University College Hospital in London zog er nach Edinburgh, um seine chirurgischen Studien fortzusetzen. Dort heiratete er die Tochter seines Professors und verbrachte fast zwei Jahrzehnte in Edinburgh und Glasgow. In diese Zeit fällt auch die Einführung seines Systems der antiseptischen Chirurgie (1867).

Lister ließ sich von Pasteurs Forschungen über die Rolle

von Mikroorganismen bei der Gärung, der Verwesung und anderen Lebensprozessen anregen und zitierte den französischen Forscher in seiner ursprünglichen Publikation. Indem er Pasteurs Erkenntnisse mit dem Wissen verband, dass Karbolsäure (Phenol) eine abwasserdesinfizierende Wirkung hat, setzte er phenolgetränkte Verbände bei chirurgischen Wunden ein, um zu beweisen, dass offene Brüche (das heißt Brüche, bei denen der gebrochene Knochen die Haut durchstoßen hat und damit der Atmosphäre ausgesetzt ist) mit dieser Behandlung erfolgreich geschlossen werden können. Die übliche Alternative für einen offenen Bruch war die Amputation, denn die chirurgischen Versuche, die offene Stelle zu schließen und das betroffene Glied zu retten, waren wenig erfolgversprechend. Listers Beweggründe für sein Verfahren waren komplex. Später stellte er seine frühen Arbeiten so dar, als wäre sein antiseptisches System in einer Keimtheorie der Wundinfektion begründet gewesen. Tatsächlich aber basierte es auf der Überzeugung, dass die Staubpartikel der Luft die Ursache der Verunreinigung übertrügen, denn Pasteur hatte bei seinen Arbeiten mit geschlossenen Glaskolben die Kontamination mit Staub verhindert. Indem Lister also die Wunden mit phenolgetränkten Verbänden versah, meinte er, die Ursache der Wundinfektion ausgeschlossen zu haben.

Listers Verfahren funktionierte jedoch, und er begann, es an seine Studenten zu vermitteln. Eine Reihe von Chirurgen lehnte es dennoch ab, darunter vor allem solche, die durch einfache Sauberkeit bereits gute chirurgische Resultate erzielt hatten. Der Deutsch-Französische Krieg erwies sich als eine brauchbare, wenn auch ungeplante Vergleichsstudie, denn die deutschen Chirurgen hatten begonnen, Listers Maßnahmen einzuführen, während die meisten französischen sich dem widersetzten. Die Ergebnisse der deutschen Chirurgen im Krieg fielen weit besser aus als die ihrer französischen Kollegen. Danach war Listers Name mit dieser bestimmten chirurgischen Technik verbunden. Lister selbst blieb immer ein sehr konservativer Chirurg und beschränkte sich auf die traditionellen Domänen der Chirurgie: die Gliedmaßen, die Gelenke, die Blase und oberflächliche Teile des Körpers.

Lister veränderte sein antiseptisches Behandlungsschema immer wieder, führte ein Karbolspray ein und nahm Änderungen am Ablauf der Versorgung der Wunde nach der Operation vor. Er erzielte auch weiterhin gute Resultate und erwarb sich eine internationale Reputation. Er und Pasteur respektierten einander sehr; häufig erschienen sie auf den gleichen internationalen Medizinerkongressen, die in den letzten Jahrzehnten des 19. Jahrhunderts immer häufiger wurden. Als sich die Erkenntnis durchsetzte, dass Bakterien bei der Wundinfektion die entscheidende Rolle spielen, veränderte Lister schrittweise die theoretische Begründung seines Verfahrens und schloss es enger an die neue Wissenschaft der Bakteriologie an. Die antiseptische Chirurgie hatte allerdings nur ein kurzes Leben. Bald wurde sie von der aseptischen Chirurgie ersetzt, deren Ziel es nicht war, die verunreinigenden Keime zu töten, sondern ihr Auftreten zu verhindern. Durch die Sterilisierung der Gerätschaften, Instrumente und Verbände, das Desinfizieren der Hände des Chirurgen und der Haut der Patienten schloss die Asepsis Bakterien so vollständig wie möglich aus. Wenn die Gewebe des Körpers keimfrei sind, so lautete das allgemeine Prinzip, und wenn das Eindringen von

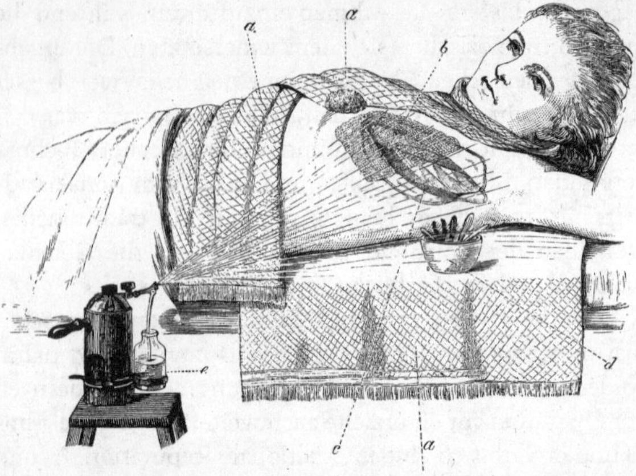

FIG. 24.—TO SHOW THE ARRANGEMENT OF TOWELS, ETC., IN A LARGE OPERATION.

Abb. 21: Die Vorbereitung einer Patientin für eine Brustamputation zeigt, wie beschwerlich und umständlich Listers antiseptische Chirurgie in der Praxis war. Die Abbildung stammt aus einem 1882 erschienenen Buch von Sir William Watson Cheyne, einem Schüler Joseph Listers.

Bakterien während der Operation ausgeschlossen werden könnte, würde, wie die Chirurgen sich ausdrückten, eine »Wundheilung per primam intentionem« erfolgen, das heißt eine Primärheilung ohne Eiterbildung. Mit der Einführung der aseptischen Prinzipien wurden die drei wichtigsten Körperhöhlen – Bauch, Thorax und Schädel – für die Skalpelle der Chirurgen zugänglich, und die Chirurgie wurde zu der glanzvollsten medizinischen Disziplin im letzten Drittel des 19. Jahrhunderts. Die Techniken, die

Koch und andere im bakteriologischen Labor eingeführt hatten, fanden ihre natürliche Anwendung in den zunehmend als separate, besonders abgeschirmte Bereiche angelegten Operationssälen der Krankenhäuser.

Als die Chirurgen begannen, in den zuvor unzugänglichen Körperhöhlen zu operieren, waren die Erfolgsraten zunächst sehr niedrig, weil sich andere Probleme wie starke Blutungen und Infektionen einstellten. (Der Magen-Darm-Trakt beispielsweise ist an beiden Enden zur Außenwelt offen, daher sind die Eingeweide, anders als die meisten inneren Teile des Körpers, niemals steril.) Skalpellverliebte Chirurgen machten sich den Leitspruch »Die Möglichkeit zum Schneiden ist eine Möglichkeit zum Heilen« zu eigen. Viele Krankheiten, die Ärzte bisher diagnostizieren, aber nur selten hatten behandeln können, schienen nun durch Radikalbehandlung heilbar. Ehe wir aber leichtfertig die Vergangenheit verdammen, sollten wir uns an die Mortalitätsraten bei den ersten Herztransplantationen erinnern. Allerdings fehlten im 19. Jahrhundert noch die Möglichkeiten der heutigen Patientenüberweisung an Spezialisten: Die einzelnen Chirurgen standen in einem direkten Auftragsverhältnis zu den einzelnen Patienten, und auch Krankheiten, die wir heute nicht als chirurgisch behandelbar bewerten, wurden dem Messer überantwortet. So wurden wegen Hysterie oder Menstruationsbeschwerden die Eierstöcke entfernt, wegen Verstopfung oder chronischer Müdigkeit große Teile des Darms, und zur Prophylaxe gegen zahlreiche Kinderkrankheiten wurden routinemäßig die Mandeln herausgenommen. Die Doktrin des »Entzündungsherds« erfreute sich im frühen 20. Jahrhundert begeisterten Zuspruchs und diente dazu, das Entfernen von Teilen des Verdauungstrakts, das Ziehen von Zähnen und Herausnehmen der Mandeln mit der Begründung zu rechtfertigen, dass bestimmte Krankheiten, unter anderem auch Wahnsinn, vorlägen.

Die moderne Chirurgie baute auf dem neuen Machtverhältnis zwischen Chirurgen und Patienten auf. Die Chirurgen konnten nun mehr tun, und die Patienten mussten ihren Chirurgen vertrauen. Die medizinhistorische Literatur stellt gerne die abwegigen Operationen heraus oder jene mit hohen Mortalitätsraten und geringen Erfolgschancen. Beim Blick auf die eindrucksvollen technischen Leistungen der Chirurgie in den fünfzig Jahren vor dem Ersten Weltkrieg zeigt sich, dass die chirurgischen Techniken schnellere Fortschritte machten als das Versorgungsnetzwerk (Bluttransfusionen, Antibiotika zur Abwehr von Infektionen, Intensivbetreuung Operierter) und dass die ethischen Standards, die (meistens) in der modernen Medizin und Chirurgie herrschen, nicht vorhanden waren. Die Diagnostik wie auch das technische Können der Chirurgen variierten stark. Es blieb den Patienten überlassen, sich einen guten Chirurgen zu suchen. Daran hat sich letztlich auch heute nichts geändert.

Neben der aseptischen Chirurgie war das zweite wichtige praktische Ergebnis der Bakteriologie die Fähigkeit, die Ursachen und Verläufe von Infektionen und epidemischen Krankheiten verstehen und angemessen reagieren zu können: Hier lieferte die Labormedizin der Medizin in der Gemeinschaft Informationen. Die Bakteriologen waren »Experten« in einer Weise, wie das die Hygieniker alten Stils nicht gewesen waren, und entsprechend fanden sie auch bei den Regierungen und Politikern mehr Gehör.

Abb. 22: Der medizinische Forscher als Held: An seinem 70. Geburtstag stand Louis Pasteur im Rampenlicht der Weltöffentlichkeit. Auf dem Bild begrüßt Joseph Lister den berühmten Forscher vor Tausenden von Zuschauern.

Chadwick hatte sich für »sauberes« Trinkwasser eingesetzt, aber die Vorstellung davon, was »rein« sei, änderte sich mit der Erkenntnis, dass spezifische pathogene Bakterien über das Wasser übertragen wurden. Das Wasser musste also hinfort analysiert werden, bevor es als »rein« gelten und für die Trinkwasserversorgung verwendet werden konnte. Gleiches galt für Zusatzstoffe in Nahrungsmitteln, für die Qualität von Fleisch, die Sauberkeit der Luft und all die vielen anderen Dinge, die wir konsumieren. Die Wissenschaftler übernahmen die führende Rolle bei der Festlegung von Kriterien in diesen Bereichen und lieferten die Grundlage für eine allumfassende öffentliche Hygienekontrolle.

Physiologie: die neue Rigorosität

Die Bakteriologie war die medizinische Wissenschaft, die das Leben der Menschen im späten 19. Jahrhundert am meisten beeinflusste. Die experimentelle Physiologie hingegen erregte die meiste Empörung, weil die Physiologen begannen, systematisch an lebenden Tieren zu operieren. Auch die Bakteriologen verwendeten viele Versuchstiere, aber ihre Experimente erregten nicht solche Emotionen wie die der Physiologen. Das galt insbesondere für Großbritannien, wo die Physiologie weiter entwickelt war als die Bakteriologie.

Die Deutschen schufen Institute aller medizinischen Fachrichtungen; das bekannteste im Bereich der Physiologie war das Institut von Carl Ludwig (1816–1895) an der Leipziger Universität, an dem Studenten aus aller Welt ausgebildet wurden. Ludwig gehörte zu einer Gruppe von vier jungen Physiologen, die während der Revolution von 1848 ein Manifest herausgegeben hatten, in dem sie erklärten, alle Probleme der Physiologie ließen sich durch die systematische Anwendung der physikalischen und chemischen Gesetze lösen. Zwei Männer aus der Gruppe übernahmen die Leitung der physiologischen Institute in Berlin und Wien, während der vierte, Hermann von Helmholtz (1821–1894), sich schließlich der Physik zuwandte. Neben seinen wichtigen Arbeiten zum Elektromagnetismus und zur Energieerhaltung war er aber auch ein Experte für die Physiologie der besonderen Sinnesorgane und für die Physik des Hörens. Alle vier Männer hielten zeitlebens an ihrem physikalischen Grundverständnis der Physiologie fest. Ludwigs wichtigste Forschungsinteressen galten der Funktionsweise von Herz und Nieren; sein Lehrbuch war sowohl in den deutschsprachigen Ländern als auch, in Übersetzungen, im Ausland weit verbreitet. In jener Zeit war Deutsch ohnehin die Sprache der medizinischen Wissenschaft, weshalb auch die deutsche Ausgabe eine große internationale Leserschaft hatte. Die Laboratorien der deutschen Physiologen gewannen zunehmend ein modernes Aussehen, weil sich die Naturwissenschaftler die neuesten technischen Hilfsmittel beschafften. Helmholtz entwickelte das Ophthalmoskop und Ludwig den Kymographen, eine drehbare Trommel, die mit einer Aufzeichnungsvorrichtung verbunden war, die es erlaubte, dauernde funktionelle Variationen, etwa beim Puls, bei Muskelkontraktionen oder bei Spannungsänderungen, zu messen. Die graphische Aufzeichnung von Vitalfunktionen wurde zunehmend zu einem Charakteristikum der biomedizinischen Forschung und der klinischen Medizin.

Obwohl die Physiologie in Deutschland blühte, war der führende Physiologe des Jahrhunderts ein Franzose: Claude Bernard (1813–1878). Er hatte die Pariser medizinische Schule besucht und erkannt, dass es bei der vorherrschenden klinischen Orientierung keine weiteren Fortschritte im Verständnis von Krankheitsmechanismen und bei der Suche nach neuen Heilmitteln geben könne. Eine unglückliche Ehe trug ihm zumindest eine Erbschaft ein, die es ihm gestattete, sich ganz der medizinischen Forschung zu widmen, auch wenn seine Tierversuche die Entfremdung zwischen ihm, seiner Frau und seiner Tochter noch vertieften. Bernard war vor allem ein begnadeter chirurgischer Handwerker innerhalb seines Labors. Seine frühen Arbeiten erhellten die Rolle der Leber beim Metabolismus des Zuckers und die Funktion der Bauchspeicheldrüse bei der Verdauung. Er machte weitere wichtige Entdeckungen hinsichtlich der Funktionen der peripheren Nerven, er klärte die Vorgänge bei Kohlenmonoxidvergiftungen und erzeugte durch Entfernung von Hirnteilen eine spezifische Form des Diabetes. Vor allem faszinierte ihn, wie physiologische Mechanismen bei Tieren zusammenwirkten. Sein Konzept des »internen Milieus« konnte erklären, wie Organismen funktionieren, indem viele physiologische Parameter innerhalb einer engen Spannbreite gehalten werden, darunter die Körpertemperatur, die ionischen Salze im Blut und der Blutzucker. Sein Konzept wurde später von dem amerikanischen Physiologen Walter Cannon (1871–1945) in »Homöostase« umbenannt und ist immer noch eine Grundlage für unser Verständnis von Gesundheit, Krankheit und Evolution.

Bernard war ein philosophischer Kopf. In seinem klassischen Buch *Introduction à l'étude de la médecine experimentale* (1865; dt.: *Einführung in das Studium der experimentellen Medizin*, 1961) fasste er seine eigene Forscherkarriere zusammen und entwickelte zugleich eine Philosophie der medizinischen Forschung. Das Buch ist auch heute noch lesenswert. In ihm erklärte er das Labor zum wahren Heiligtum der medizinischen Wissenschaft. Im Krankenhaus, wo kranke Patienten der Pflege bedürfen und Beobachtungen aufgrund der Vielzahl von Variablen nur bruchstückhaft sein können, erklärte er, könne keine wirkliche experimentelle Forschung gedeihen. Nur im Labor kann der Experimentator die Variablen konstant halten, so dass Veränderungen zweifelsfrei beobachtet und gedeutet werden können. Pasteur äußerte einmal, dass der Zufall denjenigen begünstige, dessen Geist bereit sei, und Bernard war Zufallsbeobachtungen gegenüber äußerst wach. Sie führten ihn auf fruchtbare Untersuchungsfelder. So ist beispielsweise der Urin von Kaninchen in der Regel alkalisch und trübe. Bernard beobachtete, dass er aber bei Kaninchen, die kein Futter erhalten, sauer wird, und schloss daraus, dass sie nun ihr eigenes Gewebe verstoffwechseln. Das führte ihn auf die Frage der Verdauung verschiedener Nahrungsstoffe. Bernards grundsätzliches Verfahren war, wie wir heute sagen würden, die hypotheto-deduktive Methode: Der Wissenschaftler stellt eine Hypothese über ein bestimmtes Phänomen auf. Er deduziert dann, was als Folge geschehen wird, und experimentiert, um zu sehen, ob seine Hypothese korrekt ist, wobei er bei Durchführung des Experiments bedacht sein muss, seine Erwartungen beiseite zu lassen. Bernard verglich das Denken gerne mit einem Hut: Der gute Forscher packt seinen Hut auf den Hutständer, während er sein Experiment durchführt. Aber er vergisst nicht, ihn wieder aufzusetzen, wenn er das Labor verlässt, um darüber nachzudenken, was er beobachtet hat und wie die Beobachtung zu deuten ist. Auf der Grundlage des Experiments kann er seine Hypothese bestätigen, verwerfen oder modifizieren und sie dann, so erforderlich, erneut im Experiment testen.

Für Bernard hießen die drei Säulen der experimentellen Medizin Physiologie, d. h. der Umgang mit normalen Funktionen, Pathologie, die Untersuchung anomaler Funktionen, sowie Therapeutik, die Suche nach wirksamen Heilmitteln. Seine eigenen Forschungen leisteten Beiträge zu allen drei Gebieten. Entscheidend aber war, dass sie immer rigoros experimentell waren: Die Resultate ließen sich nur im Labor erzielen. Feldstudien, Autopsien und Beobachtungen am Krankenbett konnten Rohdaten liefern und zur Formulierung drängender Fragen beitragen. Das wesentliche Ziel der Wissenschaft aber war es, Mechanismen zu erklären und Ursachen zu ermitteln. Bernard und Pasteur waren befreundet, und Bernard erkannte die Wichtigkeit von Pasteurs Arbeit, obwohl er starb, bevor diese ihr Potenzial entfaltete. Pasteur erblickte in Bernard einen beredten Apologeten der experimentellen Methode in der Medizin, die die Zukunft prägen würde.

Obwohl die experimentelle Physiologie im Zentrum der Antivivisektionsbewegung stand, wurden Tierversuche nur in Großbritannien gesetzlichen Regelungen unterworfen. Das Gesetz gegen Tierquälerei aus dem Jahr 1876 beunruhigte die medizinischen Forscher zunächst, bot aber tatsächlich einen vernünftigen Rahmen, in dem sich die Forschungsarbeit an Tieren durchführen ließ. Indem die Forschung aus den Privatlaboren in den Wohnungen der Wissenschaftler verbannt wurde, konnte sie sich in öffentlichen Einrichtungen und an den Universitäten leichter institutionalisieren. Das wichtigste Werkzeug der Physiologen war die Anästhesie. Sie ersparte nicht nur den Versuchstieren Schmerzen, sondern erleichterte auch die Durchführung der Operationen. Auch die antiseptische und aseptische Methode dienten der Physiologie; sie sind weitere Beispiele dafür, wie klinische Medizin und experimentelle Naturwissenschaft einander stützen und verstärken.

Eine Reihe medizinischer Fachdisziplinen profitierten von der physiologischen Forschung. Die Neurologie beispielsweise konnte sich auf die Erkenntnisse der zerebralen Lokalisierung stützen. Kardiologen zogen Gewinn aus den im Tierversuch gewonnenen Erkenntnissen über die Kontraktion des Herzens und die Regulierung des Herzschlags. Die Endokrinologie (deren Gegenstand die Drüsen sind) wurde durch die Entdeckung der Hormone durch die beiden Physiologen Ernest Starling (1866–1927) und William Bayliss (1860–1924) überhaupt erst möglich. Medizinische und chirurgische Spezialfächer waren aber nicht »naturgegeben«: Ihre Entstehung hing von einzelnen Personen und Gruppen ab, die Karriere machen und Prestige gewinnen wollten. Als der Erste Weltkrieg ausbrach, konnten die Medizin und die Chirurgie auf viel Wissen zurückblicken, das im Labor gewonnen worden war, zunehmend auch von Personen, deren Laufbahn sich ganz innerhalb der medizinischen Wissenschaft hielt und keine direkten Bezugspunkte zur klinischen Medizin hatte.

6 Die Medizin in der modernen Welt

Was geschah als Nächstes?

Die ersten fünf Kapitel verfolgten die Geschichte der westlichen Medizin relativ chronologisch von Hippokrates bis zum Beginn des Ersten Weltkriegs. Dieses Kapitel beschäftigt sich mit der Medizin des vergangenen Jahrhunderts. Wir betrachten dabei kurz, welche Relevanz die fünf »Formen« der Medizin – am Krankenbett, in der Bibliothek, im Krankenhaus, in der Gemeinschaft und im Labor – gegenwärtig haben. Jede dieser Formen hat einen Platz in den Budgets des modernen Gesundheitswesens und im Leben der Mediziner und ihrer Patienten.

Die treibende Kraft hinter der modernen Medizin sind die Kosten. Die drängendste Frage der medizinischen Versorgung lautete während der letzten ein, zwei Generationen zu oft: Können wir uns das leisten? Diese Frage geht über nationale Grenzen hinaus und gilt ebenso bei steuerfinanzierten Gesundheitssystemen wie etwa dem britischen National Health Service (NHS), bei einer Versorgung, die sich wie in den USA über Privatversicherungen und Ärztehonorare finanziert, wie auch für die medizinische Grundversorgung über Hilfsprogramme wie in Afrika. Wie auch immer man die »Bedürfnisse« im Gesundheitswesen misst, sie sind scheinbar unendlich dehnbar. Je mehr zur Verfügung steht, desto größer ist die Nachfrage. Die explodierenden Kosten haben die moderne Medizin geprägt. Zur selben Zeit hat aber die Effektivität der Medizin in einem Ausmaß zugenommen, wie es sich selbst Visionäre in der Vergangenheit nicht hätten vorstellen können. Damit ist das Thema der Effizienz in den Vordergrund gerückt. Die medizinische Versorgung ist zu einem großen Geschäft geworden, in dem viele Strategien von internationalen Unternehmen übernommen wurden. Tatsächlich sind auch viele der Zulieferer zur medizinischen Versorgung internationale Konzerne, deren Triebkraft das Profitstreben ist. Die Unternehmen verweisen gerne darauf, dass eine Firma, die schlechte oder überteuerte Produkte anbietet, am Ende gegen ihre Konkurrenten verlieren wird. Die Kritiker der modernen Medizinindustrie betonen, dass das Heilen von Menschen und die Prävention von Krankheiten etwas anderes sein sollten als das Reparieren von Autos oder der Verkauf von Spielwaren. Die Debatten halten an, und nur in wenigen Punkten herrscht Einigkeit.

Die Medizin am Krankenbett: das Erbe des Hippokrates

Auch heute noch berufen sich viele auf Hippokrates. Heiler verschiedenster Couleur, von westlichen Schulmedizinern bis zu alternativen Heilpraktikern diverser Art verweisen auf ihn als ihren Gründervater. Zwei miteinander verbundene Aspekte im Bild des Hippokrates wirken nach wie vor attraktiv: der Holismus der Humoralpathologie und die Wichtigkeit der Rolle der Patienten.

Der Holismus oder die Ganzheitlichkeit ist in der jüngeren Vergangenheit wieder zu einem Mantra geworden. Die meisten Kommentatoren erblicken darin eine Reaktion auf den fortgesetzten Reduktionismus der modernen medizinischen Wissenschaft. Erst stand der Körper im Mittelpunkt, dann die Organe, dann das Gewebe, dann die Zellen und nun die Moleküle. Heute gibt es Institute für Molekularmedizin, so wie es an den deutschen Universitäten des 19. Jahrhunderts Institute für Physiologie, Bakteriologie oder Pathologie gab. Betrachtet man diese Tatsache nüchtern (aber die Menschen sind in Fragen ihrer Gesundheit oder der medizinischen Versorgung selten nüchtern), dann bedeutet die Molekularmedizin nur den Gipfelpunkt einer Entwicklung, die die Ärzte seit mindestens dem 17. Jahrhundert motiviert hat, das Niveau der Analyse von Krankheiten immer weiter ins Detail voranzutreiben. Diese Tendenz ist ein integraler Bestandteil dessen, was zu Recht als der Fortschritt der Medizin und der medizinischen Wissenschaft beschrieben wird.

Dieses unentwegte Ziel, zu immer kleineren Analyseeinheiten zu gelangen, hat keine allgemeine Zustimmung gefunden, auch nicht unter praktizierenden Ärzten. Das Gefühl, dass »wir morden, wenn wir zergliedern«, existierte sogar schon, ehe es der romantische Dichter William Wordsworth (1770–1850) in diese Worte fasste. Die Romantiker bekämpften die unerbittliche Analyse der Teile, die auf Kosten des Ganzen geht, und nach dem Grauen des Ersten Weltkriegs und angesichts der rapide zunehmenden Spezialisierung innerhalb der Medizin waren viele Ärzte überzeugt, dass die Medizin eine neue Grundlage benötigte. Die holistische Bewegung, die sich formierte, wählte Hippokrates zu ihrem Leitbild und versuchte, Krankheiten in allgemeinen Begriffen, etwa dem der Konstitution des Patienten, zu verstehen. Diese Ärzte rieten ihren Schutzbefohlenen, zur Natur zurückzukehren, einfache Nahrung zu sich zu nehmen, praktische Kleidung zu tragen (oder auch gar keine: Die Freikörperkultur gehört in diesen Umkreis) und überhaupt ein Leben zu führen, das in Übereinstimmung zu den Forderungen der Natur steht. Die Bewegung zog eine Reihe berühmter Ärzte an, insbesondere solche, die der experimentellen Naturwissenschaft und der medizinischen Spezialisierung skeptisch gegenüberstanden, und führte auch zu einigen konkreten Experimenten. Das berühmteste britische war das 1928 eröffnete Health Centre in Peckham im Süden Londons. Dessen Gründer behaupteten, die Medizin hätte viel zu lange die Krankheit in den Mittelpunkt gestellt, das Hauptinteresse sollte der Biologie der Gesundheit gelten. Man förderte das Familienleben; Familien sollten regelmäßig in das Gesundheitszentrum kommen, um an den dortigen sportlichen und geselligen Aktivitäten teilzunehmen, die sich gar nicht so sehr von denen eines zeitgenössischen Fitnessclubs unterschieden.

Die holistische Bewegung innerhalb der Medizin war aber immer nur von einer Minderheit getragen, und ihr Einfluss schwand nach dem Zweiten Weltkrieg schnell. Das lag zum einen daran, dass eine Reihe führender Naziärzte dieser Bewegung verbunden waren, aber die Hauptursache war, dass die neuen biologischen und wundertätigen Mittel wie Insulin, Penicillin und Cortison versprachen, die experimentelle Forschung könnte am Ende doch alle Krankheiten heilen. Das mittlere Drittel des 20. Jahrhunderts war das Goldene Zeitalter der modernen Medizin; die Ärzte genossen Ansehen und Vertrauen wie niemals zuvor. Die Infektionskrankheiten hielt man für mehr oder minder besiegt, psychische Störungen ließen sich mit Hilfe von Chlorpromazin und anderen neuen antipsychotischen Drogen kontrollieren, und am Horizont tauchte die Aussicht auf, auch den Krebs zu besiegen.

Es ist kein Zufall, dass die Allgemeinmedizin in diesen Jahrzehnten wenig Beachtung fand. In Großbritannien war man allgemein der Ansicht, praktische Ärzte wären jene, die nicht qualifiziert genug seien, um als Fachärzte im neu geschaffenen National Health Service zu arbeiten oder als private Fachärzte in der Harley Street zu praktizieren. Eine medizinische oder chirurgische Spezialisierung war das Ziel aller Studierenden der Medizin, denn die Spezialisten waren die Eliten, die die ärztliche Zunft dominierten.

Ab den 1960er Jahren begannen sich diese Verhältnisse zu ändern. Der Vietnamkrieg brachte eine Protestgeneration hervor, die gegenüber allen Formen der Macht Misstrauen hegte. Zur selben Zeit gewannen die Angriffe auf Berufsstände an Zugkraft. Man unterstellte diesen, sie arbeiteten gewissermaßen als Gewerkschaften, denen es nur um das Einkommen und die beruflichen Interessen ihrer Mitglieder gehe. Der österreichische Sozialkritiker Ivan Illich (1926–2002) begann mit seinen Angriffen gegen Lehrer, Ärzte und andere Berufsstände. Den Ärzten unterstellte er, sie erzeugten so viele Krankheiten (per Iatrogenese), wie sie angeblich heilten. Illich forderte die Menschen (nicht die »Patienten« und auch nicht, wie heute üblich geworden, die »Kunden«) auf, selber die Kontrolle über ihren Körper und ihre Gesundheit zu übernehmen. Illich war nur einer aus einer Anzahl von Befürwortern der Gegenkultur, die die Ärzte und andere Berufsstände in den Abwehrkampf drängten. (In Großbritannien begann Margaret Thatcher, aus der rechten Ecke, ebenfalls einen Kampf gegen die Berufsstände.) Das Arzt-Patienten-Verhältnis begann sich zu wandeln, die Machtbalance verschob sich zugunsten der Patienten.

Zwei Entwicklungen unter vielen können zum Beweis herangezogen werden. Zum einen wurde der Charakter der allgemeinmedizinischen Praxis umformuliert. Sie hatte sich schon immer mehr dem »gesamten Patienten« als den speziellen Krankheiten gewidmet; Michael Balint (1896–1970) wies neben anderen darauf hin, wie viele psychische Störungen (beispielsweise Depressionen, Angst, Schlaflosigkeit) von den Allgemeinmedizinern behandelt wurden. Balint trug wesentlich dazu bei, die Allgemeinmedizin als einen wichtigen und lebendigen Aspekt der medizinischen Versorgung wieder ins Bewusstsein zu rufen. Die Allgemeinmedizin wurde zu einer akademischen Disziplin und gewann wieder an Prestige innerhalb der medizinischen Hierarchie. Kommentatoren entging freilich nicht die Ironie, dass der praktische Arzt damit zu einer Fachdisziplin für »Allgemeines« mit eigenem Ausbildungsgang, Prüfungen und (in Großbritannien) einem Royal College wurde. Dennoch bedeutete das eine Anpassung an die aktuellen Forderungen.

Die zweite Entwicklung war die Betonung der Notwendigkeit einer Primärversorgung in den Entwicklungsländern. Die internationale medizinische Hilfe hatte seit der Zeit des nach dem Ersten Weltkrieg gegründeten Völkerbunds bis hin zur Weltgesundheitsorganisation (WHO) und verwandter internationaler Agenturen, die nach dem Zweiten Weltkrieg entstanden waren, immer vertikale, technologisch bestimmte Programme in den Vordergrund gestellt. Man hatte sich auf Malaria, die Pocken, die Bilharziose, die Hakenwurmkrankheit, die Flussblindheit und andere spezifische Krankheiten konzentriert. Die Pockenkampagnen erbrachten einen vollständigen Erfolg, und auch andere Programme erzielten bedeutende Ergebnisse, aber der Kampf gegen die Malaria scheiterte auf spektakuläre Weise.

Bei einer internationalen Tagung der WHO, die 1978 in Alma-Ata in der damaligen Kasachischen SSR stattfand, gerieten offiziell horizontale Programme in den Blickpunkt. Nun ging es um die medizinische Grundversorgung, um Ausbildung und die grundlegende Infrastruktur statt wie bisher um spezifische vertikale Programme gegen einzelne Krankheiten. Die vertikalen Programme wurden freilich nicht komplett aufgegeben, aber die Änderung ließ erkennen, dass in Hinblick auf Nachhaltigkeit und Effizienz nun dem Allgemeinen gegenüber dem Besonderen größere Bedeutung zugemessen wurde. Im Vordergrund standen nun die individuellen praktischen Ärzte, welche die einzelnen Menschen und ihre Familien beraten, Diagnosen abgeben und behandeln.

Hippokrates ist so sehr zu einer Ikone geworden, dass sich jeder ungestraft zu ihm bekennen kann. Und viele der Wertvorstellungen für die Medizin am Krankenbett, wie sie dem hippokratischen Textkorpus zu entnehmen sind, haben heute wieder Gültigkeit.

Die Medizin in der Bibliothek: der Preis der Information

Das Aufkommen des Buchdrucks im 15. Jahrhundert verwandelte das medizinische Wissen. Zwei Jahrhunderte später veränderten die medizinischen und naturwissenschaftlichen Fachzeitschriften den Zeitmaßstab. Bücher konnten schnell auf den Markt geworfen werden, um eine erstaunliche neue Entdeckung oder Theorie bekannt zu machen; sie konnten aber auch das Ergebnis jahrzehntelanger Überlegungen sein. Die Zeitschriften mit ihrem regelmäßigen Erscheinungstermin wollten immer auf der Höhe der Zeit sein. Die frühen Journale wurden überwiegend von den gelehrten Gesellschaften des 17. Jahrhunderts herausgegeben. Ärzte und medizinische Themen waren in ihnen gut repräsentiert, im folgenden Jahrhundert gab es dann auch die ersten medizinischen Fachzeitschriften. Im ersten Jahrzehnt des 19. Jahrhunderts hatte bereits ein exponentielles Wachstum eingesetzt, das, weil es von einer sehr niedrigen Gesamtzahl ausging, allerdings pro Jahr weniger Neuerscheinungen hervorbrachte, als wir das heutzutage gewöhnt sind. Wochenzeitschriften wie jene, die heute *The New English Journal of Medicine* (gegründet 1812) oder *Lancet* (1823) heißen und immer noch einflussreiche Stimmen in der Medizin sind, erlaubten eine noch schnellere Veröffentlichung und enthielten auch Leitartikel, kurze Notizen und Leserbriefe – alles wichtige Faktoren in der Formierung der modernen medizinischen Profession.

In den letzten Jahrzehnten, seit der Computer, das Internet und die elektronische Veröffentlichung die Wissensverbreitung verändert haben, wird mit Regelmäßigkeit der Tod des Buches und der gedruckten Zeitschriften vorausgesagt. Aber der ist bislang nicht eingetreten, vielmehr erscheinen Bücher und Zeitschriften in ständig steigender Zahl. Grundlegende Veränderungen vollziehen sich, schon aus wirtschaftlichen Gründen, nur graduell. Gleichwohl lebt die »Bibliotheksmedizin« wie wir alle heute im Computerzeitalter, und hier zeigen sich zumindest zwei wesentliche Auswirkungen auf die medizinische Versorgung.

Erstens hat sich das Verhältnis zwischen Patienten und Ärzten durch die Tatsache verändert, dass nun auch Laien leichten Zugang zu medizinischen Informationen finden. Patienten, die etwas über die Bedeutung einer Diagnose oder Behandlung wissen wollten, konnten schon immer ihre Ärzte fragen oder eine Bibliothek aufsuchen. Das Internet hat die Wege verkürzt; es ermutigt die Patienten, sich mehr in ihre eigenen medizinischen Belange einzumischen. Dieses Phänomen hat eigentlich nur einen begrüßenswerten Prozess beschleunigt, der schon seit über einer Generation im Gang ist. Es verlangt den Beschäftigten in den medizinischen Berufen mehr Bereitschaft und Fähigkeit zur Kommunikation ab, und kommunikative Fähigkeiten werden heute (mit mehr oder weniger großem Erfolg) auch an den medizinischen Schulen vermittelt. Es entstehen allerdings auch Probleme, denn der ungeregelte Charakter des Internet bedingt, dass Patienten dort möglicherweise einseitige, voreingenommene oder einfach nur falsche Informationen erhalten. Das moderne Interesse an den Rechten der Patienten und am ungehinderten Informationszugang hat die Machtbalance zwischen den Ärzten und vielen ihrer Patienten verschoben. Überwiegend ist das auch nur zu begrüßen, und die Ärzte müssen nun wieder mehr Zeit für ihre Patienten aufbringen.

Zweitens hat sich durch die Revolution der Informationstechnik das Wesen der Patientenakte verändert. Hier stehen die wichtigen Fragen der Zugänglichkeit und der Vertraulichkeit zur Debatte. Jede landesweite Planung in diesem Bereich, wie sie zum Beispiel in Großbritannien versucht wird, ist extrem teuer und bislang nicht von Erfolg gekrönt. Die Hoffnung, dass alle Patienten ihre Krankenakten auf einem Chip bei sich haben, mag theoretisch verlockend sein. Ärzten und Pflegern in der Unfall- und der Intensivmedizin würde es gewiss die Arbeit erleichtern, und auch die Ärzte hätten sofort Zugang zu allen wichtigen Informationen, wenn Patienten, wo auch immer, ihre Hilfe suchen. Kurzfristig würde ein solches Verfahren aber nur bei jenen Patienten funktionieren, die sich genügend um ihre Gesundheit sorgen und deshalb kooperationswillig sind. Die Zugänglichkeit dieser Daten für Versicherungen und Arbeitgeber ist zudem noch ein ungelöstes Problem, die Schattenseite dieser Utopie.

Wenn aus Bibliothekaren Informationsverwalter werden und Ärzte auf ihre Computerbildschirme starren, statt sich ihren Patienten zuzuwenden, sind beunruhigte Patientinnen und Patienten gut zu verstehen, die bezweifeln, dass diese schöne neue Welt wirklich zu ihrem Besten ist.

Die Medizin im Krankenhaus: der Preis der Versorgung

Seit der Veränderung des medizinischen Denkens und der Ärzteausbildung im Gefolge der Französischen Revolution stehen Krankenhäuser im Zentrum der Medizin. Sie haben sich natürlich in den letzten beiden Jahrhunderten verändert: baulich, organisatorisch, in der Finanzierung und in ihren medizinischen und chirurgischen Funktionen.

Die Krankenhausarchitektur ist mit dem Wandel gesellschaftlicher, wirtschaftlicher und medizinischer Anforderungen zu einem eigenen Thema geworden. Vielen Krankenhäusern der frühen Neuzeit sah man ihren religiösen Ursprung oder ihre religiöse Ausrichtung auch baulich an. Oft hatten sie, wie Kathedralen, einen kreuzförmigen

Grundriss, auch Altäre, und immer eine Kapelle. In vielen Ländern Europas lieferte der römische Katholizismus sowohl die baulichen Inspirationen als auch aus seinen Orden die Pflegekräfte für die tägliche Versorgung der Kranken. Im protestantischen Teil Europas entwickelten sich säkularere Formen; viele als Krankenhäuser errichtete Gebäude im Großbritannien des Aufklärungszeitalters erinnern ziemlich stark an Landhäuser. Die kleineren Spezialkrankenhäuser für Geburtshilfe, Geschlechtskrankheiten, Pocken, Kinder-, Augen- oder Lungenkrankheiten waren häufig in gewöhnlichen, zu diesen Zwecken umgewidmeten Wohnhäusern untergebracht. Erfolgreiche Krankenhäuser zogen dann in größere Häuser um, zunehmend später auch in eigens zu diesem Zweck errichtete Bauten. Die spezifischen Anforderungen unterschieden sich nicht sehr von denen eines Wohnhauses. Man benötigte eine Küche, Abtritte oder andere Einrichtungen zur Abfallentsorgung, Zimmer für Betten und, in der Regel, eine Wohnung für einen Arzt. Chirurgische Eingriffe und Geburten fanden in der Regel in dem Bett des Patienten statt, das dieser manchmal auch mit anderen Patienten teilen musste.

Während des 19. Jahrhunderts bestimmten dann spezifische medizinische und chirurgische Erfordernisse zunehmend die Krankenhausgestaltung. Krankenpavillons von rechteckiger Form mit hohen Fenstern zu beiden Seiten waren ein Merkmal von Armeehospitälern, und durch die Nightingale-Bewegung im Pflegewesen wurde der Pavillontyp von Krankenstationen zum Regelfall in den großen allgemeinen Krankenhäusern. Die Pavillonstation bot zwei wünschenswerte Eigenschaften: Die doppelte Fensterreihe erleichterte die Durchlüftung, was in einem Zeitalter, in dem die Miasmentheorie der Krankheitsentstehung vorherrschte (Florence Nightingale war selber eine glühende Anhängerin der Miasmentheorie und eifernde Hygienikerin), besonders wichtig war. Darüber hinaus machte die Bauform es den Krankenschwestern leicht, die Patienten zu beobachten. Als ab den späten 1880er Jahren das Johns Hopkins Hospital errichtet wurde, griff man auf die Pavillonform zurück.

Doch in jenen Tagen gab es bereits weitere Anforderungen. Die deutschen Universitätskrankenhäuser hatten die Notwendigkeit herausgestellt, dass an jede Station ein kleines Labor angeschlossen sein muss, wo das medizinische Personal chemische und mikroskopische Analysen von Urin, Blut und anderen Substanzen vornehmen kann. In vielen Krankenhäusern führte die Übernahme der antiseptischen, später der aseptischen Chirurgie zur Errichtung gesonderter Operationssäle mit angemessen steriler Ausstattung. Mit der Keimtheorie wurden in fortschrittlichen Krankenhäusern besondere Laboratorien für die Kultivierung von Sputum, Blut, Urin und Kot erforderlich; wegen der Zellpathologie mussten Gewebeproben nach Krebs und anderen Auffälligkeiten untersucht werden. Biopsien, die in der Chirurgie vorgenommen wurden, wurden oft vom anwesenden Pathologen analysiert; von seiner Interpretation hing dann die Art des Eingriffs ab. Ab dem Ende des 19. Jahrhunderts hielten die Röntgengeräte in den Krankenhäusern Einzug, wofür man Platz benötigte und Techniker, die die Röntgenaufnahmen machten, sowie einen Spezialisten, der die Bilder interpretierte. Auch Ambulanzabteilungen wurden ab den 1870er Jahren zu wichtigen Bestandteilen des Krankenhauses.

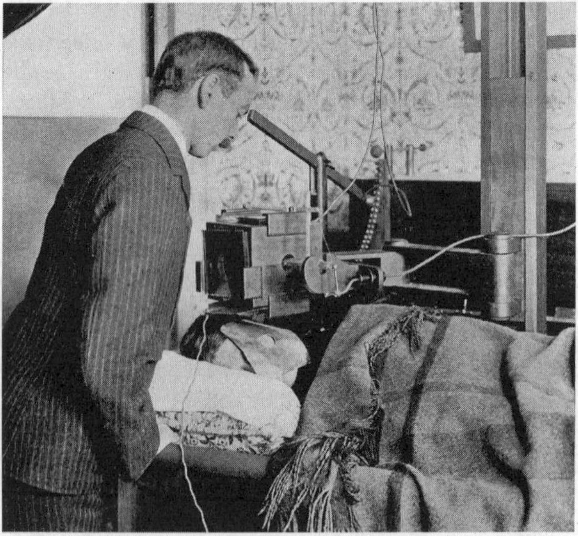

Abb. 23: Die Röntgenstrahlen wurden schnell diagnostisch und therapeutisch eingesetzt. Auf diesem Foto einer Strahlentherapie von 1902 ist der Apparat abgeschirmt, was zu jener Zeit eine unübliche Schutzmaßnahme war. Der Arzt selber ist ungeschützt und trägt noch nicht einmal einen weißen Kittel als Zeichen seines Berufsstandes.

Jede dieser und all die vielen weiteren medizinischen und chirurgischen Innovationen bedingten eine Adaption der gegebenen baulichen Nutzung oder mussten bei den ständigen Neubauten von Krankenhäusern besonders berücksichtigt werden. Man sollte die folgende Analogie nicht überbewerten, aber es gibt Ähnlichkeiten zwischen den Irrenhäusern und den Gefängnissen des 19. Jahrhunderts, während im 20. Jahrhundert die Ähnlichkeiten zwischen Krankenhäusern und Hotels ins Auge fallen. Die Gefängnisse und auch die Irrenhäuser der viktorianischen Epoche wurden häufig außerhalb der Städte errichtet; sie waren von Mauern umgeben, und die Betonung lag auf Sicherheit und Isolation. Die Vorstellung vom Hotel und seinen Verwaltungsstrukturen haben hingegen das moderne Krankenhaus beeinflusst: Beide Einrichtungen müssen Nahrung und saubere Wäsche für Bewohner mit unterschiedlich langer Verweilzeit bereitstellen; beide sind auf Wäschereien und auf Großhandelslieferanten zur Nahrungsmittelversorgung angewiesen. Lange Korridore, von denen zu beiden Seiten Zimmer abgehen, sind ein weiteres gemeinsames Merkmal, nicht zu vergessen die Aufnahmeprozeduren und, in den USA und anderswo in Privatkrankenhäusern, die detaillierte Rechnung.

In der Organisation der Krankenhausverwaltung wurden zunehmend Unternehmensstrukturen übernommen. Zu Beginn des 20. Jahrhunderts orientierten sich die Verwaltungen von Krankenhäusern in Amerika auf der Suche nach größerer Effizienz an Verfahren der Industrieproduktion. Umschlag, Kostenbegrenzung und ordentliche Leistungen gegen Geld waren sinnvolle Kategorien für Verwalter, die ihre Institutionen auf Profitbasis betrieben. In Europa hingegen waren die meisten Krankenhäuser immer noch Wohltätigkeitseinrichtungen, aber auch dort konnten die gleichen Werte eindringen, weil die Budgets immer knapp und die explodierenden Kosten ein Hauptmerkmal des Krankenhauswesens in den vergangenen 150 Jahren gewesen sind. Im Konflikt zwischen medizinischen und ökonomischen Werten setzen sich oft die letzteren durch, gleichgültig wie die Finanzierung der Einrichtung beschaffen ist.

Die Kosten sind also ein bestimmender Faktor des modernen Krankenhauses, und man versucht auf vielerlei Wegen, sie einzugrenzen. Als die Krankenhäuser noch überwiegend von kirchlichen oder privaten Wohltätigkeitsorganisationen betrieben wurden, lagen die Budgets üblicherweise in der Verantwortung der Stifter, die aber ihre Macht selten einsetzten. Mit der Einführung der modernen Chirurgie, der Röntgenstrahlen und anderer diagnostischer Apparate gingen ab dem späten 19. Jahrhundert auch reiche Leute ins Krankenhaus. In Großbritannien verfiel man auf die Lösung, Stationen für zahlende Patienten einzurichten, aus deren Profiten dann die dem Gemeinwohl dienenden Stationen finanziert wurden. Das Prinzip des »voluntary hospital« blieb die vorherrschende Finanzierungsform von Krankenhäusern in Großbritannien, bis diese dann im Kontext des National Health Service in Staatseigentum überführt wurden. In den USA entstanden Stationen für zahlende Patienten schon früher, und Privatkrankenhäuser wie die Mayo-Klinik, die ab den 1880er Jahren in Minnesota von der Familie Mayo geschaffen wurde, boten jenen, die es sich leisten konnten oder über eine private Krankenversicherung verfügten, fortschrittliche medizinische und chirurgische Hilfe. Die Rolle der Versicherungsunternehmen im frühen 20. Jahrhundert wird von der Medizingeschichte immer noch nicht ausreichend gewürdigt; obwohl viele der frühen Versicherungen ihre philanthropischen Ziele in den Vordergrund stellten, war das Profitstreben doch allgegenwärtig.

Unabhängig vom Gesundheitssystem herrscht in den westlichen Gesellschaften die Norm, dass Dritte die Krankenhausrechnung tragen, weil die Kosten eben so hoch sind. Die Kosten für Errichtung, Beheizung, Stromversorgung, Unterhalt, technische Ausrüstung und das Personal dieser komplexen Institutionen haben im 20. Jahrhundert immer größere Sorgen verursacht. Für all diese Kosten sind der Staat, die Gemeinde, eine religiöse Organisation, eine Versicherungsgesellschaft, eine Wohltätigkeitsorganisation, individuelle Verwalter, reiche Mäzene entweder allein oder in Verbindung mit einer der anderen genannten Organisationen oder Personen aufgekommen. Profitorientierte Krankenhäuser wie jene in den USA ziehen wegen ihrer drakonischen Aufnahmepraxis viel Kritik auf sich, weil hier die Versicherungspolice entscheidet und nicht die Diagnose oder medizinische Erfordernisse. Aber das Streben nach Effizienz und die Einführung von Unternehmensstrukturen sind für fast alle modernen Krankenhäuser charakteristisch. Im 19. Jahrhundert bestand die größte Furcht der Arbeiter darin, durch chronische Krankheit ihr Einkommen zu verlieren; heute haben Menschen, denen es gut geht, solange sie gesund bleiben, große Angst, ohne ausreichenden Versicherungsschutz eine erwerbsmindernde Krankheit mit langem Krankenhausaufenthalt zu erleiden.

Neue Technologien und finanzielle Zwänge haben die durchschnittliche Länge des Krankenhausaufenthalts verkürzt. Die Patienten auch nach größeren chirurgischen Eingriffen schnell aus den Betten zu bekommen, ist heute ein chirurgisches Ziel. Es gibt gute medizinische Gründe dafür, weil so Thrombosen, Wundliegen und Muskelschwund vorgebeugt werden, aber die Strategie hat selbstverständlich auch ökonomische Gründe, weil auf diese Weise der Krankenhausaufenthalt verkürzt wird. Diagnostische Maßnahmen, die früher einen Krankenhausaufenthalt bedingten, werden heute in den Ambulanzabteilungen durchgeführt.

Trotz der genannten Probleme werden die Krankenhäuser bestehen bleiben. Vor allem wegen dreier Merkmale sind sie unverzichtbar: wegen ihrer diagnostischen Möglichkeiten, wegen der Notfallversorgung und wegen der Chirurgie. Die Diagnose war das einzige, worauf sich die französischen Hospitäler zu Beginn des 19. Jahrhunderts wirklich gut verstanden, und auch heute noch ist es üblich, das Krankenhaus für eine Reihe von Tests aufzusuchen. Technologie und Naturwissenschaft geben sich ein Stelldichein bei Prozeduren wie der Herzkatheterisierung zur Evaluierung der Herzfunktionen, der Leber- oder Nierenbiopsie, bei der ein Gewebestück zur medizinischen Untersuchung entnommen wird, der Ultraschalluntersuchung zur Feststellung der Entwicklung des Fötus während der Schwangerschaft, der Computertomographie oder der Kernspintomographie, zwei nichtinvasiven Methoden zur Visualisierung von Strukturen innerhalb des Körpers. Die Computer- und die Kernspintomographie beruhen auf unterschiedlichen technologischen und wissenschaftlichen Prinzipien. Erstere erzeugt ein Bild des Körperinneren aus Bilderserien, die mit Hilfe des Computers kombiniert werden; letztere verwendet ein starkes Magnetfeld, das durch Radiofrequenzwellen manipuliert wird. Die beiden Techniken haben aber auch viele Ähnlichkeiten. Für beide Entwicklungen erhielten ihre Erfinder den Nobelpreis, beide Verfahren generieren ein dreidimensionales Bild, das zarte Gewebe viel deutlicher zeigt als herkömmliche Röntgenstrahlen, beide haben Diagnosen und Therapien dramatisch vorangebracht, indem in Fällen, wo früher invasive chirurgische Eingriffe erforderlich waren, heute auf die Nadelbiopsie zurückgegriffen werden kann, und beide Maschinen sind in der Herstellung, der Wartung und im Einsatz extrem teuer. Da die Kernspintomographie weniger Risiken für Patienten birgt und ein klareres Bild zarter Gewebestrukturen liefert, hat sie die Computertomographie weitgehend verdrängt, aber beide Verfahren waren seit den 1980er Jahren Symbole für die Macht und für die Kosten der modernen Apparatemedizin. Zusammen mit dem Laser, der Faseroptik und einer Reihe weiterer moderner Innovationen haben sie das Aussehen der Medizin im Krankenhaus verändert; sie erweitern das Wissen und die Möglichkeiten der Ärzte, tragen aber beträchtlich zu den hohen Kosten der medizinischen Versorgung bei.

Das zweite Merkmal der Krankenhausmedizin, das bestehen bleiben wird, ist die Notfallversorgung. Die Traumatologie ist nicht nur ein wichtiger Zweig der Medizin beim Militär, sondern genauso wichtig auch bei Verkehrsunfällen, Stich- und Schusswunden, Verbrennungen und all den unzähligen Unfallrisiken, die die moderne Gesellschaft birgt. Durch den Terrorismus ist diese Spezialdisziplin besonders ins Rampenlicht getreten. Zu Beginn des Zweiten Weltkriegs trafen die europäischen Staaten Routinevorbereitungen für den Umgang mit einer großen Zahl ziviler Verletzter. Heute existieren ähnliche Pläne für den Fall großer Katastrophen oder Unglücksfälle; die Versorgung einzelner Unfallopfer und akut Kranker lag aber stets in der Zuständigkeit der Krankenhäuser.

Nach und nach wurden in den Krankenhäusern besondere Räume für akut Kranke und Unfallopfer eingerichtet. Nachdem durch die Listersche Antisepsis und Asepsis größere chirurgische Eingriffe möglich wurden, fügte man den Operationssälen Intensivstationen an, in denen eigens auf die Pflege frisch Operierter spezialisierte Schwestern ihren Dienst taten. Im 20. Jahrhundert konnte man den Blutdruck und andere Vitalzeichen überwachen; mit der Einführung von intravenösen Lösungen und (seit der Zwischenkriegszeit) von Bluttransfusionen ließen sich Operationsschocks und postoperative Komplikationen besser behandeln. In den 1950er Jahren wurden Geräte zur kontinuierlichen Überwachung des Herzschlags auf den Intensivstationen eingeführt. Da man Herzanfälle als medizinische Notfälle erkannte, wurden spezielle Abteilungen zur Behandlung des akuten Stadiums eingerichtet. Solche Abteilungen sind für die Patienten (und das medizinische Personal) alles andere als ruhige Orte, deshalb wurde in den 1970er Jahren ernsthaft erörtert, ob es nicht besser sei, wenn Opfer von Herzanfällen einfach zu Hause gelassen würden, wo sie sich ausruhen könnten. Aber die bessere Kontrolle von Unregelmäßigkeiten des Herzschlags, einer häufigen Todesursache im akuten Stadium eines Herzanfalls, sowie die modernen Reanimationstechniken sichern – trotz der hohen Kosten und der inhumanen Umgebung – die Weiterexistenz dieser Stationen. Auch Schlaganfallpatienten, Menschen, die ein diabetisches Koma oder sonstige akute Anfälle erleiden, werden in diesen Intensivstationen behandelt.

Auch die moderne Chirurgie hat ihren Ort im Krankenhaus. Dank minimalinvasiver Techniken führen heute auch Radiologen, Kardiologen, Gastroenterologen und andere spezialisierte Mediziner, die keine Chirurgen sind, Eingriffe durch, aber der Chirurg hat in der modernen medizinischen Hierarchie gleichwohl einen privilegierten Platz. Nimmt man freilich den Nobelpreis als Maßstab der Anerkennung, dann waren die Chirurgen hier, vor allem in jüngerer Zeit, unterrepräsentiert. Preisträger der Frühzeit waren Theodor Kocher (1841–1917) für seine Leistungen auf dem Gebiet der Schilddrüsenchirurgie und Alexis Carrel (1873–1944), der Pionier der Verbindung von Blutgefäßen, allerdings erhielt letzterer den Preis hauptsächlich für seine Forschungen an Gewebekulturen. Charles Huggins (1901–1997), ein aus Kanada stammender Urologe, teilte sich 1966 einen Nobelpreis für den Nachweis, dass Prostatatumoren von Hormonen abhängen können. Seine Arbeit war zu diesem Zeitpunkt bereits ein Vierteljahrhundert alt. Der portugiesische Neurologe Antonio Egas Moniz (1874–1955) erhielt 1949 ebenfalls einen geteilten Nobelpreis für seine Arbeit über die Präfrontal-Lobotomie, was heute eher peinlich wirkt. Wenn es um praktische Hilfe für Menschen ginge, hätte der britische Orthopäde John Charnley (1911–1982) für seine bahnbrechenden Forschungen über die Technologie und chirurgische Anwendung künstlicher Hüftgelenke wahrlich einen Nobelpreis verdient; er ging aber leer aus. Auch für die Herzkatheterisierung wurde ein Nobelpreis verliehen (1956), aber keiner der Preisträger war seiner Laufbahn nach Chirurg – ein weiterer Beleg für die Tatsache, dass viele chirurgische Operationen heute von Spezialisten ausgeführt werden, die keine Chirurgen sind.

Der einzige neuere Nobelpreis für Leistungen im Bereich der Chirurgie ging an drei Pioniere der Transplantationschirurgie, einen der spannendsten Bereiche der heutigen Chirurgie, der allerdings viel immunologische Grundlagenforschung erfordert, um die Neigung des Körpers zu unterdrücken, als »fremd« erkannte Gewebe und Organe abzustoßen. Heute werden routinemäßig Nieren, Herzen und Lebern von Spendern verpflanzt. In aller Regel handelt es sich bei den Spendern um Tote; bei Nieren kann auch auf Lebende zurückgegriffen werden, weil man auch mit einer gesunden Niere leben kann. Die Transplantationschirurgie gilt ganz zu Recht als ein Wunder der Wissenschaft und der chirurgischen Technik, aber an ihr zeigt sich auch in nuce das Dilemma des modernen Gesundheitswesens. Durch den Empfang eines Fremdorgans geraten die Empfänger im allgemeinen in eine lebenslange Abhängigkeit von medizinischer Betreuung, weil sie auf lange Zeit Immunsuppressiva mit ungünstigen Nebenwirkungen, unter anderem einer stärkeren Anfälligkeit für Infektionen, nehmen müssen. Schlimmer noch ist, dass der Mangel an Spenderorganen einen internationalen Schwarzmarkt erzeugt hat, auf dem bitter arme Menschen aus der Dritten Welt ihre Organe für die Nutzung in den Industrieländern verkaufen.

Krankenhäuser retten Leben. Sie bilden immer noch das Zentrum der medizinischen Ausbildung und der klinischen Forschung, leiden aber unter ernsten Strukturproblemen. Fast immer ist die Finanzierung ein Thema; trotz aller auf Mildtätigkeit und Dienstleistung abgestellten Rhetorik müssen sie wie komplexe Organisationen, die sie nun einmal sind, geführt werden. Viele pathogene Mikroorganismen sind heute gegen Antibiotika resistent, und für dieses Evolutionsphänomen sind die von Antibiotika gesättigten Krankenhäuser ideale Orte. Die Antibiotikaresistenz entsteht, wenn ein Mikroorganismus durch eine zufällige genetische Mutation eine Eigenschaft entwickelt, die ihm hilft, dem Antibiotikum zu widerstehen. Wie Charles Darwin es schon verstanden hätte, gibt dieses neue, vererbbare Merkmal dem Mikroorganismus einen Überlebensvorteil, den er nutzt. Der Staphylococcus ist ein verbreitetes Bakterium, das Furunkel, aber auch ernstere Infektionen verursacht. Zu Beginn konnte es mit Penicillin, der Wunderdroge der 1940er Jahre, bekämpft werden. Bald aber wurde es dagegen und, als andere Antibiotika entwickelt wurden, auch gegen viele von diesen resistent. Wir kennen diese Form heute unter dem Kürzel MRSA (Meticillin-resistenter Staphylococcus aureus). Dieses Bakterium ist ein ernstes Problem in den Krankenhäusern und, weil diese nie ganz von der Umwelt abgeschlossen sind, auch für die Allgemeinheit. Die Erreger von Malaria, Tuberkulose und HIV haben alle Resistenzen gegen viele der konventionellen Arzneimittel entwickelt, was die Bekämpfung dieser Weltkrankheiten erheblich erschwert.

Nicht das Krankenhaus hat dieses Phänomen »erzeugt«, sondern das menschliche Handeln. Aber arzneimittelresistente Erreger sind heute so weit verbreitet, dass moderne Krankenhäuser manchmal schon nicht mehr als »Orte des Heilens«, sondern wie in alter Zeit als »Vorhof des Todes« gelten.

Die Medizin in der Gemeinschaft: unsere Gesundheit in unserer Hand

Die Fürsprecher des öffentlichen Gesundheitswesens aus dem 19. Jahrhundert schufen in der gesamten westlichen Welt eine Infrastruktur. Sie entwickelte sich länderbezogen unterschiedlich schnell und nahm, je nach der in dem Land herrschenden Ideologie, verschiedene Formen an. Wie wir gesehen haben, wurde die Hygienebewegung effektiver, nachdem man die Krankheitsursachen besser kannte, aber die Infrastruktur selber war ebenso wichtig. Die wachsende Zahl der Zuständigen (Amtsärzte, Wasser- und Lebensmittelanalytiker, Gesundheitsbeamte, Fabrik- und Gebäudeinspektoren, Bezirkskrankenschwestern) und zu beachtenden Vorschriften, die jene Personen umzusetzen befugt waren, schufen die Voraussetzung zur Durchsetzung der Reformen, die die Regierungen zunehmend als ihre Verantwortlichkeit ansahen. Das öffentliche Gesundheitswesen sollte seinem Namen gerecht werden; seine Wohltaten sollten allen Mitgliedern der Gesellschaft zugute kommen.

Im großen und ganzen gelang das, und Gruppen, die besonderen Schutzes bedürfen – Arme, Kinder, Alte und Frauen im gebärfähigen Alter –, wurden häufig als besondere Zielgruppen ausgewählt und sollten am meisten profitieren. Während diese Betrachtungsweise vielleicht die Aktivitäten im Gesundheitswesen um die Wende zum vorigen Jahrhundert in ein allzu günstiges Licht rückt, stellte ein Historiker die These auf, der Krieg sei gut für Babys und Kleinkinder. Bei dem angesprochenen Krieg handelte es sich um den Burenkrieg, der Beunruhigung

Abb. 24: Im Zuge des Kampfes gegen die Tuberkulose waren Schirmbild-Reihenuntersuchungen ab den 1930er Jahren regelmäßig wiederkehrende Maßnahmen der Gesundheitsfürsorge. Mit diesem Straßenbahnwagen wollte das Glasgower Gesundheitsamt die Untersuchung beliebt machen: Der bunte Wagen erinnert an einen Jahrmarkt und zerstreut Befürchtungen, die Untersuchung könnte peinlich werden, durch die Aussage: »einfach, vertraulich, Ausziehen nicht erforderlich«.

darüber weckte, wie viele Rekruten, die aus den britischen Slums stammten, sich aus gesundheitlichen Gründen als nicht wehrfähig erwiesen. Man fürchtete, Großbritannien könnte sein Empire ohne eine Verbesserung der Gesundheit und Leibestüchtigkeit seiner Menschen nicht bewahren. Ähnliche Befürchtungen förderten auch in anderen westlichen Ländern das Interesse an öffentlicher Gesundheit und der Steigerung der Geburtenrate, während

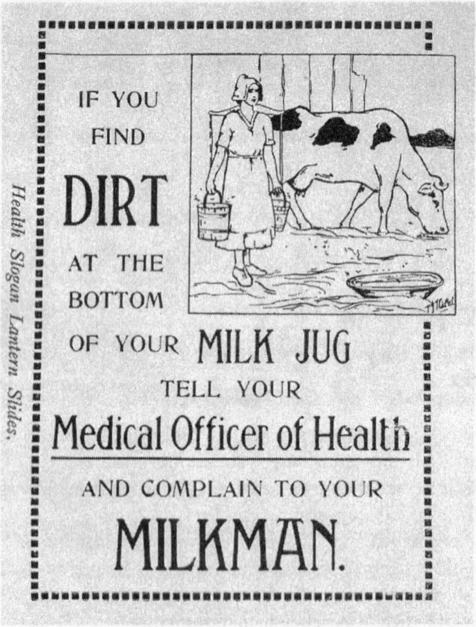

Abb. 25: Verunreinigte Milch war eine verbreitete Ursache der Ausbreitung von Tuberkulose, ehe die Pasteurisierung verpflichtend eingeführt wurde. Weitere mögliche Gefahrenquellen nennt dieses Plakat von 1929, das dazu aufruft, bei erkennbaren Verunreinigungen das Gesundheitsamt zu informieren und den Milchmann zur Rechenschaft zu ziehen.

gleichzeitig andererseits eine angebliche rassische Degeneration (und die höhere Geburtenrate im Proletariat gegenüber der soliden Mittelklasse) der Eugenik Auftrieb gab. Die Fürsprecher der Volksgesundheit argumentierten traditionell umweltbezogen; sie glaubten, die Gesundheit der Bevölkerung würde sich bessern, wenn man den Schmutz, die überfüllten Wohnquartiere und die damit einhergehende verlotterte Moral los würde. Dieses alte Mantra verlor an Zugkraft. In den Vordergrund traten die Betonung »schlechten Erbguts« und damit das neuere Szenario, dass die westlichen Nationen ihre Vorherrschaft nur behaupten könnten, wenn sie unerwünschte Gruppen daran hindern würden, Nachkommen hervorzubringen.

Wie bekannt erreichte die Eugenik ihren Höhepunkt in Nazideutschland. Die Vorstellungen vom »Schicksal der Rassen« und von der naturgegebenen Minderwertigkeit von Juden, Zigeunern und anderen Randgruppen waren eine scheußliche Barbarei. Ein ruchloser Dogmatismus prägte die gesamte Naziideologie, zu der aber ironischerweise auch die Betonung der Wichtigkeit frischer Luft, der Leibesertüchtigung zur Aufrechterhaltung der Gesundheit und der Gesundheitsschädlichkeit von Tabak und Alkohol gehörten. Viele Wege führen zu den heutigen Vorstellungen von einem gesunden Lebensstil, und nicht auf alle sollte man zurückkommen.

Die Nazis trieben die Vorstellung von einer Hierarchie der Rassen ins Extrem, aber überhaupt war der Rassismus in dieser Epoche weit verbreitet. Während heute in den entwickelten Ländern die Regularien und die Überwachung der öffentlichen Gesundheit selbstverständlich sind beziehungsweise ihr Versagen für Empörung sorgt, sind viele Probleme, vor denen die ältere Hygienebewegung stand, in den Entwicklungsländern noch vorhanden. Natürlich hat sich vieles verändert, aber die Probleme, die in den ärmeren Teilen der Welt herrschen, hätten Edwin Chadwick und die anderen Fürsprecher der Volksgesundheit im Europa des 19. Jahrhunderts nicht überrascht. Mütter- und Säuglingssterblichkeit, epidemische Krankheiten, Armut und schlechte sanitäre Verhältnisse sind insofern auch noch Themen von heute. Während man im Westen gegen Fettleibigkeit und sitzende Lebensweise ankämpft, sorgt man sich in großen Teilen der Welt darum, genug zu essen zu haben. In vielen Ländern stehen deswegen noch immer die altmodischen Ziele einer öffentlichen Gesundheit auf der Tagesordnung. Chadwick glaubte, sauberes Wasser und eine ordentliche Entsorgung des Abwassers würden die meisten Probleme der Schmutzkrankheit beseitigen. Seine medizinischen Vorstellungen waren naiv, aber seine bewundernswerten Ziele sind weltweit immer noch nicht verwirklicht.

Die imperialistischen Mächte taten einiges, um die öffentliche Gesundheit in ihren überseeischen Besitzungen zu verbessern. Beispielsweise nahmen die Briten in Indien Cholera und Malaria sehr ernst. Diese beiden Krankheiten waren nicht auf die Tropen beschränkt, sondern auch in Europa bekannt. Aber als Ronald Ross (1857–1932), der im Dienst des Indian Medical Service stand, die Rolle der Anopheles-Mücke bei der Übertragung von Malaria entdeckte, löste dies die Entwicklung der Tropenmedizin zu einer medizinischen Spezialdisziplin aus. Malaria trat zwar nicht nur in tropischen, sondern auch in gemäßigten Klimazonen auf, aber die Krankheit fügte sich in vielerlei Hinsicht in das Modell der Unterscheidungsmerkmale ein, das Ross' Mentor Patrick Manson (1844–1922) für die Krankheiten ausgearbeitet hatte, mit denen sich dieses Spezialfach befasst. Die Malaria wird von einem Insekt übertragen und hat damit einen komplizierteren Lebenszyklus und Verbreitungsmodus als die bakteriellen Krankheiten der Alten Welt. Überdies ist der Erregerorganismus ein Plasmodium, kein Bakterium, und entspricht damit Mansons Überzeugung, dass Würmer, Parasiten und andere Organismen die Hauptfeinde in den Tropen seien. Manson nutzte Ross' Arbeiten, die 1897 und 1898 bekannt gemacht wurden, um die britische Regierung davon zu überzeugen, in London die School of Tropical Medicine zu gründen (1898). Eine weitere Schule für Tropenmedizin war einige Monate zuvor in Liverpool eröffnet worden. Vor dem Ausbruch des Ersten Weltkriegs existierte weltweit eine große Zahl an tropenmedizinischen Instituten und Schulen.

Das Ziel dieser Ausbildungsstätten war, Mediziner auf den Umgang mit jenen Krankheiten vorzubereiten, auf die sie in Asien, Afrika und anderen tropischen Gebieten der Welt treffen würden. Mit Hilfe der Tropenmedizin sollten sich Europäer in diesen Gebieten sicher bewegen können, um ihren Auftrag, die Menschen unter ihrer Oberhoheit zu christianisieren, zu »zivilisieren« und in den Wirtschaftskreislauf einzubeziehen, zu erfüllen. Manche Historiker haben deswegen die gesamte Tropenmedizin als eine selbstsüchtige Unternehmung abgetan, getragen von Regierungen und Individuen, die kein Mitgefühl für die »Eingeborenen« hätten und nur sichere Enklaven für europäische Soldaten, Kaufleute, Pflanzer und Beamte schaffen wollten. Untersucht man die Motive und Lebensläufe vieler Schlüsselfiguren in der Tropenmedizin, dann zeigt sich allerdings ein weit komplexeres Bild. Zumindest nämlich gebot schon das aufgeklärte Eigeninteresse, die Krankheiten in allen Bevölkerungsgruppen unter Kontrolle zu bringen. Insbesondere in Asien wussten Europäer durchaus den Reichtum der Kulturen zu schätzen, die sie beherrschten und ausbeuteten. In Afrika südlich der Sahara herrschte ein anderes Bild; dort spielten die schweren Krankheiten insbesondere in Westafrika und das Fehlen einer Schriftkultur eine Rolle. Trotzdem bleibt es unter historischen Aspekten eine Verzerrung, die medizinischen und hygienischen Anstrengungen in den Kolonien der imperialistischen Mächte durchweg als lediglich ausbeuterisch abzutun.

Vor dem Ersten Weltkrieg ging die »Tropenmedizin« meist von den Kolonialmächten aus und diente dem Einsatz in ihren jeweiligen Kolonien. Eine Ausnahme bildete die Medizin der Missionen. Hier arbeiteten Krankenschwestern und Ärzte, denen neben der Verbreitung der Werte der westlichen Gesundheit auch die religiöse Missionierung ein Anliegen war. Missionsgesellschaften errichteten und unterhielten in vielen Teilen der Welt Gesundheitszentren und Krankenhäuser. Zwar folgten auch diese Gesellschaften der imperialistischen Machtverteilung, es gab aber auch einige Missionsaktivitäten außerhalb der Kolonialgebiete des jeweiligen Heimatlandes. Mit der Gründung des Völkerbunds setzte zaghaft eine internationale Gesundheitsbewegung ein, allerdings befasste man sich zunächst hauptsächlich mit Osteuropa und anderen Teilen des vom Krieg schwer geschädigten Kontinents. Die USA unterstützten den Völkerbund zwar nur zurückhaltend, dafür war in der Zwischenkriegszeit die Rockefeller Foundation mit ihren internationalen Zweigstellen besonders aktiv. Die Verantwortlichen der Stiftung bemühten sich darum, vor allem in Gebieten, wo eine fortgesetzte, kontinuierliche Unterstützung seitens der Einheimischen zu erwarten war, Institutionen westlichen Stils (medizinische Schulen, Forschungsinstitute und Lehrkrankenhäuser) aufzubauen. Deswegen lagen die Schwerpunkte der internationalen Stiftungsaktivitäten in Europa, Mexiko und Lateinamerika, obgleich das Interesse für Malaria, Bilharziose und die Hakenwurmkrankheit Mitarbeiter der Stiftung auch in andere Teile der Welt führte.

Nach dem Ende des Zweiten Weltkriegs setzten schließlich die Vereinten Nationen und ihre Tochterorganisationen, insbesondere die WHO, eine internationale Ausrichtung durch. Die WHO verfolgte immer respektable Ziele, hatte aber dabei stets mit der Komplexität der Probleme zu kämpfen, gegen die sie vorgehen wollte. In der Zwischenkriegszeit wurden Krankheiten überwiegend vertikal bekämpft: Man griff sich einzelne Erkrankungen mit spezifischen Übertragungswegen heraus, weil man darin das effizienteste Verfahren zur Verbesserung der Gesundheitslage in armen Ländern sah. In den 1950er Jahren und darüber hinaus wurden die Pocken und die Malaria zu Zielen zweier größerer WHO-Kampagnen. Das 1955 von der Vollversammlung der WHO verabschiedete Malariaprogramm vertraute weitgehend auf die Verfügbarkeit von DDT, jenem Insektizid, das während des Zweiten Weltkriegs entwickelt und in den Kriegszonen mit großem Erfolg gegen Malaria und Fleckfieber (eine von Läusen übertragene Erkrankung) eingesetzt worden war.

Seit Ross und der Italiener Giovanni Battista Grassi (1854–1925) die Rolle der Anopheles-Mücke bei der Übertragung der Malaria entdeckt und den Lebenszyklus des für die Krankheit verantwortlichen Plasmodiums erhellt hatten, schien es möglich, sie unter Kontrolle zu bringen. Wenn man die Brutstätten der Mücke trockenlegen oder mit Öl versiegeln und »Moskitobrigaden« zur Überwachung der gefährlichen Stellen einsetzen würde, könnte man die Mücke ausrotten und damit auch der Krankheit ein Ende setzen. Überdies hatte man mit Chinin ein Heilmittel zur Verfügung, das bei regelmäßiger Einnahme, wie man schon seit langem wusste, einen guten Schutz gegen den Ausbruch der Krankheit bot. In den letzten dreißig Jahren seines Lebens verkündete Ross, die Malaria könnte beseitigt werden, wenn man nur genügend Mittel einsetzte. Man habe das Wissen, nur fehle es an Willen (und Geld), um dieses erstrebenswerte Ziel zu verwirklichen.

Ross glaubte, durch die Anwendung der vertikalen Programme könnte die Krankheit ausgerottet oder bedeutungslos gemacht werden; die dann gesündere arbeitende Bevölkerung würde eine wirtschaftliche Entwicklung in Gang setzen, die unmöglich sei, solange die Krankheit wütete. Andere Malariaexperten meinten hingegen, dass nur ein horizontales Programm Aussicht auf Erfolg hätte. Der Rückgang der Malaria in Europa ließ den Schluss zu, dass bei einem vernünftigen Lebensstandard, guter wirtschaftlicher Entwicklung und einer Verbesserung des Bildungswesens die Malaria schließlich verschwinden würde. Diese Experten erklärten, dass in Gebieten mit starkem Malariabefall (zum Beispiel in großen Teilen Afrikas) die Bevölkerung, weil sie ab der Geburt ständig dem Erreger ausgesetzt sei, einen gewissen Immunschutz aufgebaut hätte. Wären die Menschen dem Erreger nicht mehr ständig ausgesetzt, würden sich hochgradig epidemische Formen der Krankheit ausbreiten.

Mit dem DDT schienen diese Argumente der Vergangenheit anzugehören. Es war billig, blieb auch nach dem Versprühen lange wirksam und versprach damit eine technologische Lösung für das komplizierte und weitverbreitete medizinische Problem. Einige der am schlimmsten betroffenen Teile Afrikas wurden von dem Programm ausgenommen, der Rest der Welt sollte innerhalb einiger Jahrzehnte malariafrei werden. Im Überschwang der Nachkriegsjahre wurde das Programm angenommen, hatte aber von Anfang an unter Problemen zu leiden. Entweder wurden die Sprühgeräte geliefert, aber kein DDT oder umgekehrt. Es erwies sich als langsam und mühselig, Menschen für den Einsatz vor Ort auszubilden. Die Ergebnisse fielen in verschiedenen Teilen der Welt unterschiedlich aus. Die erstarkende Umweltbewegung, aufgerüttelt durch Rachel Carsons Buch *Silent Spring* (1962), wandte sich gegen die allgemeinen Auswirkungen des Einsatzes von DDT, während die Protestbewegung der 1960er Jahre den großen organisatorischen Umfang der Kampagne ablehnte und auf die Profite verwies, die (vor allem) amerikanische Firmen aus ihr beziehen. Schließlich traten Mücken auf, die gegen DDT resistent waren.

In aller Stille wurde 1969 das Ziel der Ausrottung der Malaria durch das ihrer Eindämmung ersetzt. Die Fehler der Kampagne sind seither ein leichtes Ziel für kritische Analysen, aber immerhin wurden auch einige Erfolge er-

Abb. 26: Die Präventivmedizin spielte eine wichtige Rolle in den Feldzügen des Zweiten Weltkriegs. Hier werden Soldaten daran erinnert, regelmäßig ihre Dosis Atebrin zu nehmen, das übliche Mittel gegen die Malaria zu jener Zeit. Malaria war immer noch eine weit verbreitete Krankheit auf den Kriegsschauplätzen im Vorderen Orient, in Südeuropa und Asien.

zielt. Die europäischen Mittelmeerländer, in denen die Malaria in den Wirren des Zweiten Weltkriegs wieder aufgetreten war – Italien, Spanien, Portugal und bemerkenswerterweise auch das wirtschaftlich weit weniger entwickelte Griechenland –, konnten in den Jahren der Kampagne als malariafrei erklärt werden. In Sri Lanka wurde dieses Ziel fast erreicht, und Indien hatte einen dramatischen Rückgang der Krankheit zu verzeichnen.

Im Gegensatz zu der Kampagne gegen die Malaria wird die Ausrottung der Pocken durch die WHO-Kampagne immer noch als ein Triumph der modernen Medizin gefeiert. Ein Triumph war es in der Tat, dass 1977 letztmals eine natürlich eingetretene Pockenerkrankung festgestellt werden und die Krankheit im Mai 1980 als beim Menschen ausgerottet klassifiziert werden konnte. Doch war die Ausrottung der Pocken kein Erfolg der medizinischen Wissenschaft, sondern ein Produkt der internationalen Zusammenarbeit und des guten Willens. Der Erfolg beruhte nämlich auf der (schon aus der Volksmedizin) bekannten Impfung, auf den altehrwürdigen Verfahren des Zurückverfolgens von Krankheitsfällen, der Isolierung Erkrankter sowie der Massenimpfung gefährdeter Bevölkerungsgruppen. Abgesehen von unterstützenden Maßnahmen gab es keine Behandlung. Die Pocken konnten ausgerottet werden, weil der Erreger kein natürliches Wirtstier hat. Er wird von Mensch zu Mensch übertragen und lässt sich deshalb durch Isolation und Impfung unter Kontrolle bringen. Die Ausrottung ist somit das Ergebnis von administrativem Handeln, was die Bedeutung natürlich nicht schmälert.

Vertikale, gegen eine spezifische Krankheit gerichtete Kampagnen sind immer noch attraktiv. Mehrere waren bereits erfolgreich. Die Kinderlähmung ist fast ausgerottet, und auch die Kampagnen gegen den Guineawurm und die Onchozerkose erwiesen sich als wirksam. Trotz der von glanzvollen Erfolgen (aber auch von Routinearbeit) geprägten Bekämpfungsstrategien gegen einzelne Krankheiten wird aber auch die Wichtigkeit der Primärversorgung erkannt. Die WHO-Konferenz von Alma-Ata definierte offiziell horizontale Programme als ein notwendiges Ziel der internationalen Gesundheitsfürsorge. Im Grunde genommen wurde damit nur der Gemeinplatz verkündet, dass eine medizinische und soziale Infrastruktur Grundvoraussetzung für die nachhaltige Effizienz eines modernen öffentlichen Gesundheitswesens und einer modernen Gesundheitsfürsorge ist. Die Umsetzung des Auftrags vollzieht sich allerdings langsam, da in den letzten Jahrzehnten die ökonomischen Unterschiede zwischen den Reichen und den Armen weiter gewachsen sind und HIV, arzneimittelresistente Malaria und Tuberkulose sowie Kriege Fortschritte behinderten. So gab es in den letzten Jahrzehnten des vorigen Jahrhunderts zwar einige Erfolge, aber noch mehr Rückschläge, und die weitere Entwicklung ist bestenfalls als neue Herausforderung zu bezeichnen.

Einige der Probleme in den ärmeren Ländern sind dabei nur Widerspiegelungen von Problemen der westlichen Welt, wo Alkoholismus, Drogenmissbrauch, resistente Formen von Tuberkulose und HIV sowie das Übergewicht wichtige Gesundheitsfragen sind. Eine aus dem Westen übernommene Gewohnheit droht sich in den folgenden Jahrzehnten als eine Zeitbombe zu entpuppen: das Zigarettenrauchen. Die Entdeckung einer direkten Verbindung zwischen Zigaretten und Lungenkrebs war eine der großen Leistungen der modernen epidemiologischen Überwachung. In früheren Jahrhunderten trat Lungenkrebs selten auf; seine schrittweise Zunahme in der Zwischenkriegszeit wurde von vielen Klinikern und einigen wenigen Statistikern registriert. In den späten 1940er Jahren wurde Lungenkrebs als eine ernste Krankheit der modernen Welt erkannt; der britische Medical Research Council (MRC) beauftragte zwei Personen, einen Kliniker mit mathematischen Neigungen und einen Statistiker, mit der Untersuchung seiner Ausbreitung und der Ermittlung der

Ursache. Der Kliniker hieß Richard Doll (1912–2005), der Statistiker Austin Bradford Hill (1897–1991). Beide gingen von der Vermutung aus, dass in der Moderne auftretende Verschmutzungen wie Autoabgase oder der Teer von Straßenbelägen Ursache der Erkrankung seien.

Sie begannen ihr Projekt mit der Ausarbeitung eines Fragebogens für Patienten in den Londoner Krankenhäusern, deren Diagnose auf Lungen-, Leber- oder Darmkrebs lautete. Das erste auffällige Resultat war, dass unter den Lungenkrebspatienten starke Raucher waren, nicht aber unter den Patienten mit anderen Krebsformen. Eine US-amerikanische Untersuchung (1950), die auf Autopsieberichten von an Lungenkrebs verstorbenen Patienten beruhte, stellte zur gleichen Zeit ebenfalls fest, dass die überwiegende Zahl der Opfer Raucher waren. Auf diesen Hinweisen basierend entwickelten Doll und Hill eine prospektive Langzeitstudie über den Gesundheitszustand von mehr als 34000 britischen Ärzten, die sich zur Teilnahme bereiterklärten. Da Ärzte verpflichtet sind, Adressenänderungen jährlich dem Ärzteregister zu melden, verfügten Doll und Hill über eine Liste der qualifizierten praktizierenden Ärzte. Es war daher für sie leicht, die Teilnehmer über die Jahre zu verfolgen und die Wahrscheinlichkeit, dass ein bestimmter Arzt oder eine bestimmte Ärztin an Lungenkrebs erkrankte, zu deren Umgang mit Tabak in Beziehung zu setzen. Da viele Ärzte (auch Doll selber) das Rauchen aufgaben, als die Risiken deutlich wurden, bot die Studie gleichzeitig die Gelegenheit, statistisch die Lebensjahre zu ermitteln, die durch den Verzicht auf die Glimmstengel gewonnen wurden. Der abschließende Teil der Studie wurde erst 2004, fünfzig Jahre nach ihrem Beginn, noch von Doll selber in Zusammenarbeit mit einem Kollegen verfasst. Es handelt sich hier wahrscheinlich um das bemerkenswerteste jemals in der Medizin entwickelte »Sozialexperiment«. Es war in seiner Anlage zwar einfach, aber mühselig in der Ausführung; die Ergebnisse wurden mehr als ein halbes Jahrhundert lang in einer Reihe von Artikeln veröffentlicht. Als das »Experiment« endete, lag schon viel weiteres Beweismaterial über die gesundheitlichen Folgen des Zigarettenrauchens vor, doch Doll und Hill hatten mit ihrer Arbeit die moderne Bewegung der »Lifestylemedizin« begründet.

Den Ausdruck »Lifestylemedizin« gibt es erst knapp zwei Jahrzehnte, aber er dürfte wohl erhalten bleiben. Die Medizin in der Gemeinschaft schließt Überwachung ein; fasst man die Einzelbeobachtungen zusammen, entsteht ein Gesamtbild, nach dem die Einzelnen einen beträchtlichen Einfluss auf ihre Gesundheit haben. Unsere Entscheidungen beeinflussen unser Wohlbefinden. In dem goldenen Zeitalter der Medizin zwischen den 1940er und den frühen 1970er Jahren herrschte die Zuversicht, die Ärzte könnten uns helfen, gleichgültig wie wir leben. Angesichts der Chirurgie, der Antibiotika, Beruhigungsmittel, Hormone, Verhütungsmittel (hier beeinflusste die Medizin den Lebensstil und nicht umgekehrt) und der großen Bandbreite an weiteren Arzneimitteln und Therapien schien ein Zeitalter der Gesundheit anzubrechen. Zwar hat die Medizin inzwischen noch mehr Macht erlangt, aber diese Zuversicht ist geschwunden. Der Alkoholismus, das Rauchen, der Drogenmissbrauch, sexuell übertragbare Krankheiten, das Übergewicht, fette, übermäßig salzhaltige Fertiggerichte, die industrielle Lebensmittelproduktion und andere Faktoren des modernen westli-

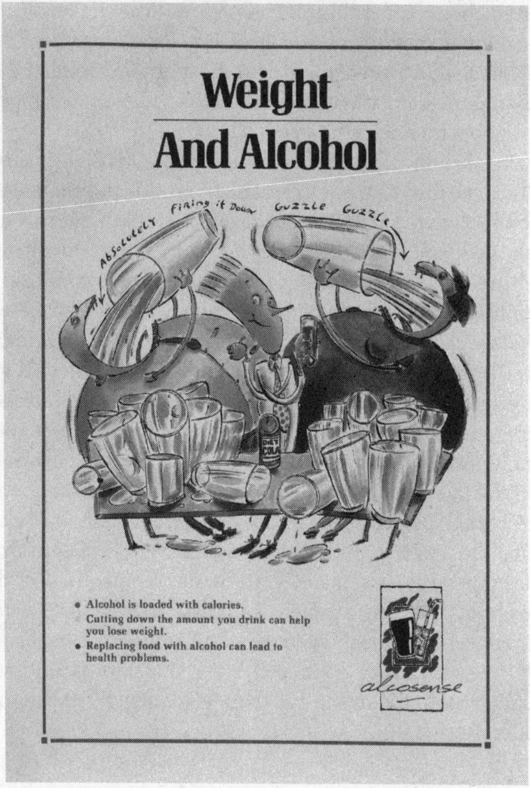

Abb. 27: Lifestylemedizin Ende des vorigen Jahrhunderts: Das Poster von 1992 will gleichzeitig vor den Folgen des Übergewichts und des übermäßigen Alkoholgenusses warnen.

chen Lebens fordern ihren Preis. Viele dieser unvernünftigen Dinge sind alt, andere neu. Das Arzt-Patienten-Verhältnis hat sich gewandelt, und mit der wachsenden Einflussnahme der Patienten geht das Bewusstsein der Eigenverantwortlichkeit einher.

Dass schon die hippokratischen Ärzte Mäßigung empfahlen, erinnert an die Tatsache, dass Ärzte seit langem Moralpolizisten sind. Was dabei als moralisch oder als unmoralisch gilt, verändert sich leicht in unterschiedlichen kulturellen Umfeldern. In der frühen Neuzeit konnte eine Syphilisläsion fast ein Ehrenzeichen in manchen gesellschaftlichen Gruppen sein; in der Zwischenkriegszeit galten nicht durchgebratenes Fleisch, Sahne und Eier als gutes Essen; das Zigarettenrauchen war ein Markenzeichen der Frauenemanzipation. Die Gesellschaft ändert sich, und damit ändern sich auch die medizinischen Ratschläge. Es gibt Gründe zu der Annahme, dass die Ratschläge heute manchmal besser sind als in der Vergangenheit. Selbst jene, die Ärzten und der medizinischen Wissenschaft misstrauen, genießen die Vorteile der Kontrolle und der epidemiologischen Studien, mit denen Schädliches von Nützlichem unterschieden werden soll. Im Zweifelsfall gilt freilich immer noch der hippokratische Grundsatz, dass Gesundheit meist auf dem goldenen Mittelweg zu finden ist.

Die Medizin im Labor: Das Versprechen auf neue Entdeckungen besteht fort

Das moderne biomedizinische Labor war dem informierten Durchschnittsbürger niemals so fern und gleichzeitig so nah wie heute. Wissenschaftler berufen häufig Pressekonferenzen ein, wenn sie glauben, etwas Wichtiges mitzuteilen zu haben; alle Medien berichten regelmäßig über medizinische Themen. Das Internet macht kompliziertes Wissen für alle zugänglich, die sich der Mühe unterziehen wollen. Trotz unserer modernen Informationskultur stellen Untersuchungen allerdings die beunruhigende Tatsache fest, dass eine große Unwissenheit im Hinblick auf Gesundheit und Wissenschaft weit verbreitet ist. Wahrscheinlich war das immer so, die Kritik an den »zwei Kulturen« existierte schon, ehe sie der Physiker und Romancier Charles Percy Snow (1905–1980) in seinem berühmten Vortrag (1959) artikulierte, und sie existiert immer noch. Snow behauptete darin, die meisten Nicht-Naturwissenschaftler wüssten weniger über die wichtigsten Ideen in den Naturwissenschaften als die Wissenschaftler über die Vorstellungen in der allgemeinen, literarisch geprägten Kultur. Unwissenheit gebe es überall, aber die Unkenntnis von Naturwissenschaft und Medizin sei besonders groß.

Auch wenn sie die Einzelfakten nicht kennen, wissen doch die meisten, dass die Medizin, wie sie im 21. Jahrhundert praktiziert wird, stark von der medizinischen Wissenschaft beeinflusst ist. Schließlich haben die Entdeckungen moderner Heilmittel und in letzter Zeit die Kontroversen um das Humane Genome Project und die

Stammzellenforschung hohen Stellenwert in den Medien. (Die letzten beiden Entwicklungen liegen schon außerhalb der Grenzen der vorliegenden historischen Darstellung.) Die zeitgenössische Medizin hat sich durch therapeutisch wirksame Arzneimittel verwandelt. Der Entdeckung mancher dieser Mittel spielte der Zufall zu, in den meisten Fällen aber war das Labor die Stätte, wo das therapeutische Potenzial erstmals erkannt wurde. Claude Bernards Bemerkung aus dem 19. Jahrhundert hat nichts an Gültigkeit verloren: Das Labor ist das Heiligtum der experimentellen Medizin.

Ab dem späten 19. Jahrhundert drangen eine Reihe wirksamer pharmazeutischer Produkte auf den Markt, die sich durchsetzten. Zu ihnen gehörten Aspirin, Phenacetin, Chloralhydrat und die Barbiturate. Sie alle sind chemisch relativ einfach aufgebaut und waren deshalb den damaligen Analyseverfahren zugänglich. Aspirin wird häufig als ein Arzneimittel zitiert, das nach modernen Sicherheitsstandards nicht zugelassen werden dürfte, denn es ruft Magenreizungen hervor und kann zum Suizid benutzt werden. Ironischerweise wurde aber auch erwiesen, dass es, in geringer Dosierung, Blutgerinnseln vorbeugt, weswegen es zur Prävention von Herz- und Schlaganfällen eingesetzt wird – Anwendungen, die fernab seiner ursprünglichen Zulassung als Schmerzmittel liegen. Die vorbeugende Wirkung ist bei Einzelpersonen klein, auf eine große Zahl von Menschen bezogen aber beträchtlich. Der Wirkungsmechanismus des Mittels wurde erst in der letzten Generation beschrieben, Jahrzehnte, nachdem es schon gewohnheitsmäßig als entzündungshemmendes, schmerzlinderndes und fiebersenkendes Arzneimittel Anwendung fand.

Zwischen dieser Gruppe der Arzneimittel und den 1920er Jahren erschienen mehrere chemische und biologische Neuerungen, insbesondere Impfstoffe und Antisera. Nichts davon war mit Insulin vergleichbar, das 1921 von einem jungen Arzt, der sich der Physiologie zugewandt hatte, und einem Medizinstudenten an der Universität von Toronto entdeckt wurde. Der Physiologe Frederick Banting (1891–1941) hatte die Erlaubnis erhalten, das Labor in den Sommerferien zu nutzen, während sein Professor Urlaub machte. Charles Best (1899–1978), der Medizinstudent, der später selber ein bekannter Physiologe wurde, half bei der sorgsamen Isolation des aktiven, von der Bauchspeicheldrüse abgesonderten Hormons. Erstaunlicherweise senkte die Substanz den Blutzuckerspiegel bei Diabetikern. Fast unmittelbar nach der Entdeckung teilten sich Banting und der abwesende Professor J.J.R. MacLeod (1876–1935) den Nobelpreis. An dem Preisgeld beteiligten sie zu Recht neben Charles Best auch den Chemiker J.B. Collip (1892–1965), der bei der Reinigung der Substanz geholfen hatte. Das war der klassische, ganz selten eintretende Fall eines Experiments mit weitreichenden therapeutischen Implikationen, das verdientermaßen nach nur kurzer Zeit mit dem Nobelpreis ausgezeichnet wurde. Innerhalb eines Jahres war Insulin im Handel – ein Mittel, das für Diabetiker lebensrettend sein kann. Insulin steht paradigmatisch sowohl für die experimentelle Medizin als auch für die moderne medizinische Versorgung. Insulin macht den Diabetes kontrollierbar, aber es heilt die Krankheit nicht. Die Kranken haben immer noch ein chronisches Leiden, das täglicher Versorgung bedarf. Trotz besserer Verabreichungsformen und anderer Präparate ist insulinabhängiger Diabetes ein lebenslanges Problem mit vielen Komplikationen, die, wenn sie eintreten, ebenfalls der Behandlung bedürfen. Immer wieder hat sich in der Moderne die Hoffnung auf Heilung als Verurteilung zur Pflegebedürftigkeit erwiesen, die zwar eine bessere Alternative darstellt, aber doch nicht die früheren Erwartungen einlöst. Die nackte Wahrheit lautet, dass der menschliche Körper eine wunderbar entwickelte Maschine ist, während die Medizin kaum je der Natur gleichkommt.

Trotz der fortdauernden Probleme der Diabetesversorgung war Insulin ein gewaltiger Fortschritt und wurde von den Patienten auch als solcher wahrgenommen. Seither erwartet die Allgemeinheit immer mehr von den Laborforschungen, verstärkt noch nach den Erfolgen bei der Behandlung der perniziösen Anämie. Die Resultate waren hier nicht so dramatisch wie bei Patienten, die im Diabetes-Koma lagen und nach der Verabreichung von Insulin und Glukose wieder aufwachten. Aber die perniziöse Anämie war eine auszehrende, Schmerzen verursachende und letztlich tödliche Krankheit. Wie beim Insulin lagen die Ursachen für die Entwicklung der Therapie im Labor und waren das Ergebnis eines Fütterungsexperiments mit Hunden. Die Lösung, der Verzehr großer Mengen roher Leber, war vielleicht nicht das, was sich die Patienten vorstellten, aber für die meisten von ihnen sicher besser als die Folgen ihrer Krankheit.

Diese und andere Innovationen aus dem Labor – die Blutgruppenbestimmung, die Bluttransfusionen sicher machte, verschiedene Impfstoffe und ein besseres Verständnis der Natur von Viren – hielten die wissenschaftliche Medizin im Bewusstsein der Öffentlichkeit. Der eigentliche Höhenflug aber setzte in den Jahren um den Zweiten Weltkrieg ein, als die wissenschaftliche Forschung entstand, wie wir sie heute kennen. Die Sulfonamide beispielsweise sind wirksame Medikamente gegen mehrere verbreitete Bakterien; eine Folge ist der schnelle Rückgang der Frauensterblichkeit bei Kindbettfieber (eine Infektion, die früher nur allzu häufig nach Geburten auftrat). Die Sulfonamide wurden unmittelbar vor dem Krieg entwickelt; ihr Entdecker Gerhard Domagk (1895–1964) durfte aufgrund eines Verbots der Nazis nicht nach Stockholm reisen, um den Nobelpreis in Empfang zu nehmen. Der Weltkrieg brachte das internationale Patentsystem zum Erliegen, deswegen konnten Sulfonamide außerhalb Deutschlands hergestellt werden. In den frühen Kriegsjahren wurden sie häufig eingesetzt, gegen Kriegsende waren sie bereits von Penicillin überholt worden.

Penicillin ist wahrscheinlich die größte Wunderarznei aller Zeiten. Auch die Geschichte seiner Entdeckung verdient Erwähnung. Alexander Fleming (1881–1955) entdeckte 1928, dass sich in einer vergessenen Petrischale Schimmel gebildet hatte. In der Umgebung des Pilzes war die angesetzte Bakterienkultur nicht weiter gewachsen. Abgesehen von ein paar isolierten Versuchen zur therapeutischen Nutzung verfolgte Fleming diese Entdeckung ein Jahrzehnt lang nicht weiter. Beim Ausbruch des Zweiten Weltkriegs erhielten der Oxforder Pathologieprofessor Howard Florey (1898–1968) und seine Mitarbeiter den Auftrag, neue therapeutische Wirkstoffe gegen bakterielle Infektionen zu suchen. Penicillin gehörte zu den Stoffen, auf die sie verfielen. Kriegsbedingt mussten sie mit improvisierten Gerätschaften arbeiten. Aber es gelang ihnen, genug Material des kostbaren Schimmelpilzes zu isolieren, um seine dramatische Wirksamkeit zu beweisen. Ihr erster Patient war ein Polizist aus Oxford, der sich an einem Rosendorn geritzt und eine Staphylokokkeninfektion davongetragen hatte. Nach der Verabreichung besserte sich sein Zustand, aber für eine Heilung reichte die verfügbare Penicillinmenge nicht aus. Obwohl man den Wirkstoff sogar aus dem Urin des Patienten zurückgewann und ihm diesen erneut verabreichte, starb der Mann.

Während des Krieges gingen Florey und einer seiner Kollegen in die USA, wo die pharmazeutische Produktion nicht so stark beeinträchtigt war. Florey hatte einen altmodischen Glauben an die Offenheit der medizinischen Forschung und widmete den Patentvereinbarungen keine Aufmerksamkeit. Die amerikanischen Medikamentenhersteller waren gewiefter; sie produzierten in den letzten beiden Kriegsjahren große Mengen des Wirkstoffs und verdienten sehr gut daran. Penicillin war zunächst fast ausschließlich für die militärische Nutzung reserviert (es wirkte gegen viele bakterielle Infektionen, darunter Syphilis und Gonorrhö, sowie gegen Infektionen von Kriegswunden und gegen bakterielle Lungenentzündung). Erst kurz nach Kriegsende kam es 1945 in den allgemeinen Gebrauch.

Die Geschichte des Penicillins gehört ganz der Moderne an. Der Wirkstoff warf hohe Gewinne ab und verlangte industrielle Verfahren der Produktion und Distribution. Gegen viele weitverbreitete Krankheiten war das Mittel hoch wirksam. Es wurde billiger, rettete viele Menschenleben und steigerte das Prestige der Laboratorien und ganz allgemein der modernen Medizin gewaltig. Es war ein

Wundermittel – aber Wunder sind nicht für die Ewigkeit. Penicillin wurde unterschiedslos verabreicht, in falscher Dosierung, bei Krankheiten, bei denen diese Behandlung nicht indiziert war, und auch ohne eine Kur zu vollenden. Als penicillinresistente Bakterienstämme auftraten, begann es an Wirksamkeit zu verlieren. In den frühen Tagen der Anwendung erblickte man darin nur ein kleineres Problem, da andere Formen von Penicillin hergestellt wurden und weitere Antibiotika auf den Markt kamen, darunter Streptomycin, ein wirksames Mittel gegen Tuberkulose, jene uralte chronische, von Bakterien verursachte Geißel der Menschheit. Das Streptomycin wurde in den USA entwickelt. Als eine kleine Lieferung unmittelbar nach Kriegsende Großbritannien erreichte, machte sich Austin Bradford Hill (der seine Aufmerksamkeit bald dem Lungenkrebs zuwenden sollte) diese Mangelsituation zunutze, indem er ein Doppelblind-Testverfahren entwickelte, bei dem sowohl die beteiligten Ärzte als auch die Patienten nicht wussten, welche Therapie getestet wird, um die unerwünschten Effekte einer Erwartungshaltung auszuschließen. Die Resultate zeigten die therapeutische Wirksamkeit von Streptomycin. Hills experimentelles Testverfahren ist zum Goldstandard in der Evaluierung neuer Therapien geworden.

Streptomycin, Penicillin und die anderen Antibiotika läuteten ein goldenes Zeitalter ein, in dem neue wirksame Arzneien und Impfstoffe als zwangsläufige Resultate aus der pharmazeutischen und biomedizinischen Forschung hervorzugehen schienen. Das Aufkommen von Cortison in den späten 1940er Jahren wurde begleitet von Filmen, in denen zu sehen war, wie schwer verkrüppelte Opfer der

Polyarthritis das Bett verließen und wieder gehen konnten. Neue Arzneimittel versprachen jene Formen von Krebs unter Kontrolle zu bringen, denen mit der zunehmend besseren Chirurgie oder mit Strahlentherapie nicht beizukommen war. Antipsychotika linderten dramatisch die Symptome von Schizophrenie, schweren Depressionen und anderen psychischen Störungen bei Patienten, die ihr Leben in den psychiatrischen Kliniken zubrachten. Opfer der epidemischen Gehirnentzündung, die in den 1920er Jahren aufgetreten war, wachten Ende der 1950er Jahre aus dem jahrzehntelangen Koma auf – nach der Verabreichung von Dopamin, einem Mittel, welches kurz zuvor (mit kurzfristigen, aber dramatischen Ergebnissen) zur Behandlung der Parkinson-Krankheit eingeführt worden war. In den frühen 1960er Jahren war die Gemeindepsychiatrie das Schlagwort. Psychiatrieinsassen sollten hinfort ambulant betreut werden, weil man glaubte, sie könnten ein mehr oder weniger normales Leben führen, wenn sie nur ihre Medikamente regelmäßig nähmen. Für Menschen mit leichten Depressionen oder Angstzuständen kamen Librium und Valium auf den Markt. Für jede Krankheit schien die Medizin eine Pille parat oder in Vorbereitung zu haben.

Vor den 1940er Jahren wurde die medizinische Forschung in den USA überwiegend von privaten Stiftungen und Wohltätigkeitseinrichtungen getragen, wobei die Organisationen zum Kampf gegen Krebs, Tuberkulose und Kinderlähmung im Mittelpunkt standen. Die Tatsache, dass Präsident Franklin D. Roosevelt selber ein Opfer der Kinderlähmung war, rückte diese Krankheit allen Amerikanern immer wieder ins Bewusstsein. In ihrer epidemischen Form machte sie mehr junge Menschen zu Krüppeln als irgendeine andere Krankheit; zwischen 1951 und 1955 ereigneten sich durchschnittlich 40 000 Fälle pro Jahr. Als eine virale Erkrankung sprach die Polio auf Antibiotika nicht an. Wer die Erkrankung überlebte, blieb oft sein ganzes Leben lang behindert. Kinderlähmung war zwar in den USA stärker verbreitet als in jedem anderen Land, trat aber weltweit in Erscheinung (in den westlichen Ländern stärker als in den ärmeren Weltregionen). Die Epidemie in Kopenhagen (1952) war ein erschütterndes Ereignis nicht nur wegen der Schwere der Fälle, sondern auch wegen der Gesten von Menschlichkeit, die sich hier zeigten. Mit Hilfe von Tracheostomie und Überdruckbeatmungsgeräten wollte man schwere Fälle am Leben erhalten; 15 000 freiwillige Helfer leisteten 165 000 Arbeitsstunden, indem sie die Opfer der Polio per Hand beatmeten. Die Kinderlähmung hielt sich nicht an die übliche Grenze zwischen Arm und Reich: Sie ist eine Krankheit, die unter ordentlichen hygienischen Bedingungen gefährlich wird. In Ländern ohne sauberes Trinkwasser nehmen Kleinkinder das Virus auf, das in diesem Alter nicht die bleibenden neuromuskulären Schäden verursacht wie bei älteren Kindern oder jungen Erwachsenen, die dem Virus erstmals ausgesetzt sind.

Die virale Ätiologie der Polio und die Tatsache, dass Menschen, die die Krankheit überleben, nie wieder an ihr erkranken, ließ eine Impfung als die vernünftigste Strategie im Kampf gegen diese Krankheit erscheinen. Die March of Dimes Foundation war eine reiche Stiftung, allerdings vergab sie ihre Gelder nach Kriterien, die heute nicht akzeptabel wären. In den 1940er Jahren wurden

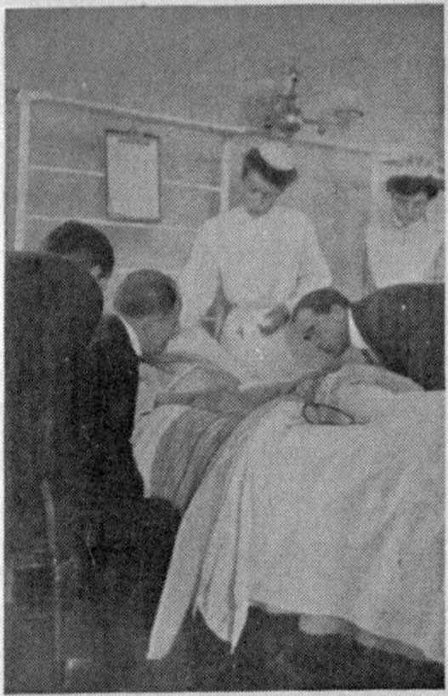

Inspection

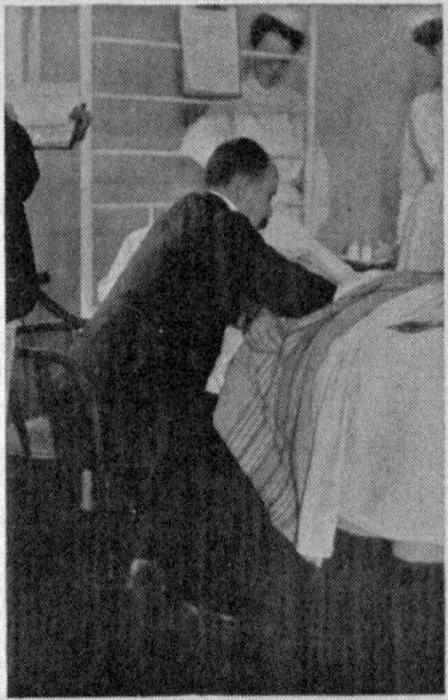

Palpation

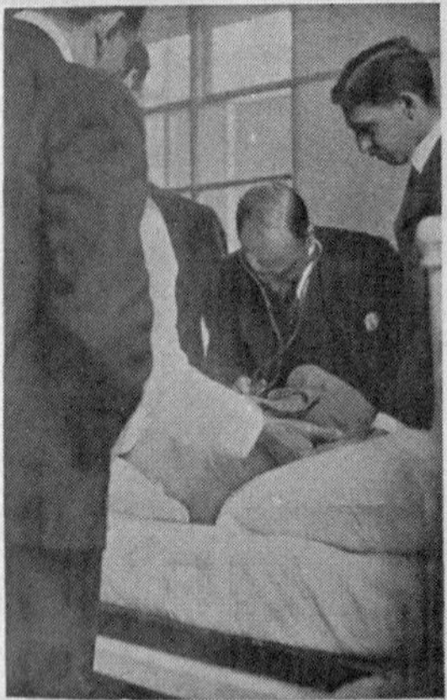

Auscultation

Contemplation

mehrere Impfpräparate hergestellt, aber erst mit den Impfstoffen von Salk und Sabin wurden in den 1950er Jahren großflächige Immunisierungskampagnen in die Wege geleitet. Jonas Salk (1914–1995) entwickelte einen Impfstoff aus abgetöteten Viren. Trotz einiger ernster Pannen war der Impfstoff wirksam, wurde aber bald von Alfred Sabins (1906–1993) Impfstoff aus abgeschwächten Lebend-Viren abgelöst. Sabins Impfstoff wurde oral auf einem Stück Zucker verabreicht, war also leicht einzunehmen und bei den Kindern beliebt. Er hatte zudem den Vorteil, dass das abgeschwächte Virus wieder über den Kot ausgeschieden wurde und so einen natürlichen Schutz bot, und zwar auf genau dem Weg (von der oralen Aufnahme bis zur Ausscheidung), über den sich auch die Krankheit verbreitet. Wie die Bekämpfung der Pocken ist auch die der Polio eine moderne Erfolgsgeschichte, denn das Ziel der weltweiten Ausrottung der Krankheit ist fast erreicht. Die Geschichte des Kampfs gegen Polio ist geprägt von starken Persönlichkeiten und einem nicht geringen Maß an Lügen, aber am Ende stand das erwünschte Resultat.

Dieser Erfolg ermunterte zu weiterer medizinischer Forschung, und so entstand jenes gewaltige industriell-wissenschaftliche Establishment, das wir auch heute noch haben. Die größte medizinische Forschungsinstitution weltweit, die National Institutes of Health (NIH) in Be-

---

Abb. 28: Der eifrige Arzt am Krankenbett: Sir William Osler, einer der beliebtesten Ärzte aller Zeiten, bei der Diagnose und beim Nachdenken über seine Beobachtungen. Moderne Verfahren in einem uralten Beruf.

thesda, Maryland, war einer der Gewinner dieser Entwicklung. Ab den 1950er Jahren engagierte sich auch die US-amerikanische Regierung stark in der medizinischen Forschung. Immer größere Laboratorien und Forschungsberichte mit vielen Autoren wurden zur Norm. Welchen Parameter man auch betrachtet, die medizinische Grundlagenforschung ist in den letzten Jahrzehnten stark gewachsen. Das Gleiche gilt auch für die Gesundheitsfürsorge, zumindest in den Ländern des Westens. Die Ärzte des frühen 21. Jahrhunderts können Krankheiten besser diagnostizieren und behandeln als selbst in den 1970er Jahren. Asthma, Krebs, Magengeschwüre, Herz-Kreislauf-Erkrankungen und viele andere Krankheiten führen mit viel geringerer Wahrscheinlichkeit zu Invalidität und Tod als noch vor einer Generation. Heute stehen chronische Erkrankungen stärker im Vordergrund. Die Umsetzung der medizinischen Forschung in die klinische Praxis bringt es mit sich, dass sich viele Errungenschaften der modernen Medizin auf die Pflege, nicht auf die Heilung beziehen. Die Versprechen auf eine Verbesserung der Gesundheit durch die Sequenzierung des menschlichen Genoms oder durch Stammzellenforschung sind bisher weitgehend unerfüllt. Mit den wissenschaftlichen Fähigkeiten wachsen auch die Erwartungen, und viele Patienten haben, da ihnen so viel versprochen wurde, keine Geduld mehr.

Die moderne Medizin: die Wirklichkeit des Neuen

Die moderne Einstellung zur Medizin und zu dem, was sie kann und was nicht, wird genauso sehr von der Wahrnehmung wie von der Wirklichkeit bestimmt. Der Contergan-

Skandal bildete einen Wendepunkt. In den späten 1950er Jahren glaubte man, ein ausgezeichnetes Mittel zu haben, um die morgendliche Übelkeit im Frühstadium einer Schwangerschaft zu verhindern. Das Produkt wurde hastig auf den Markt geworfen und nicht ausreichend getestet. In den USA verhinderte ein aufmerksamer Beamter die dortige Freigabe, aber Tausende von Frauen in mehr als vierzig Ländern nahmen das Mittel, ehe der Zusammenhang zwischen dem Wirkstoff Thalidomid und den Anomalien der Gliedmaßen von Neugeborenen bekannt war. Der Skandal führte schließlich zu verschärften Zulassungsbedingungen für neue Medikamente, beschädigte aber auch das Vertrauen der Öffentlichkeit in die pharmazeutische Industrie. Keine weitere Neuentwicklung war so eindeutig schädlich, auch wenn einige nach dem Auftreten von Nebenwirkungen hastig vom Markt genommen wurden. Die moderne pharmazeutische Industrie funktioniert nicht anders als andere multinationale Unternehmungen auch. Kleinere Firmen werden von größeren geschluckt, und die Budgets der Abteilungen für Reklame und Verkauf sind heute größer als die der Forschungs- und Entwicklungsabteilungen. Die Direktwerbung für verschreibungspflichtige Arzneimittel in den USA hat einen neuen Störfaktor in die Industrie gebracht, und die Weiterentwicklung bereits bekannter Medikamente nimmt unnötig viel Zeit in Anspruch. Die Forschung orientiert sich in der Regel an im Westen auftretenden häufigen Befindlichkeitsstörungen, die ein lukratives Potenzial versprechen, und vernachlässigt die ernsten Krankheiten in den armen Ländern, wo tatsächlich ein großer Bedarf, aber wenig Aussicht auf große Profite besteht. Das ideale Ziel einer Medikamenten-

Neuentwicklung ist eine langfristige chronische Erkrankung, bei der die Patienten die Mittel über Jahre oder auch das ganze Leben lang nehmen müssen.

HIV (AIDS) bietet eine Lehrstunde über den Status der modernen marktwirtschaftlichen Gesundheitsversorgung. Seit dem ersten Auftreten dieser Krankheit in einer besonders heftigen Form in den 1980er Jahren, wo sie sich hauptsächlich in den USA unter homosexuellen Männern und Drogenabhängigen ausbreitete, die sich die Drogen intravenös injizierten, ist sie zu einem Symbol der Macht und der Probleme der modernen Gesundheitsfürsorge geworden. Da die Krankheit zuerst in einem reichen Land auftrat, erschien die biomedizinische Forschung schnell auf dem Plan, auch wenn einige religiöse Führer behaupteten, die Krankheit sei einfach eine Strafe Gottes für die Homosexualität und andere Sünden. Präsident Ronald Reagan brauchte einige Zeit, ehe er das Kürzel AIDS öffentlich aussprach, und die katholische Kirche weigert sich nach wie vor, den Gebrauch von Kondomen zum Schutz gegen die Ausbreitung dieser sexuell übertragbaren Krankheit gutzuheißen. AIDS trägt immer noch ein schweres Stigma.

Wenn die Risikogruppen auch die offiziellen Reaktionen für unzureichend hielten, so erscheint doch im Rückblick nach einem Vierteljahrhundert die Zeit zwischen dem ersten Auftreten des Kaposi-Sarkoms, einer damals seltenen Krebsform, und dem Zusammenbruch des Immunsystems bei zuvor gesunden jungen Erwachsenen einerseits und der Identifizierung des Erregerorganismus im Jahr 1984 andererseits als relativ kurz, zumal unter dem Aspekt der traditionellen westlichen Lethargie gegenüber Krankheiten in armen Ländern, die keine Gefahr für die reichen darstellen. Dass zwei Forschergruppen, eine in den USA und die andere in Frankreich, fast gleichzeitig den verantwortlichen Retrovirus identifizierten und sich dann gegenseitig die Lorbeeren dafür streitig machten, ist ein weiteres Zeichen einer Zeit, in der die großen Preise der Wissenschaft heftig umkämpft sind.

Die HIV-Infektion wurde zunächst etwas abschätzig als die Krankheit der drei H bezeichnet: der Homosexuellen, der Heroinsüchtigen und der Haitianer. Die Armen Haitis galten schon früh als eine besonders gefährdete Gruppe, aber dann kamen auch die Armen Afrikas hinzu. In den Ländern Afrikas und in anderen Entwicklungsländern sind das Auftreten und die sozialen und wirtschaftlichen Folgen von AIDS am dramatischsten. Im Westen ist aus der akuten schnell eine chronische Krankheit geworden – die allerdings immer noch eine hohe Mortalitätsrate aufweist. Antivirale Medikamente, die es seit den 1990er Jahren gibt, verlangsamen das Fortschreiten der Erkrankung, aber sie bleiben teuer und haben Nebenwirkungen. Eine gute pflegerische Betreuung und die rechtzeitige Behandlung von Infektionen sind ebenfalls wichtig für die Verbesserung der Lebensqualität der Patienten und die Senkung der Morbiditäts- und Mortalitätsrate. Wie bei vielen anderen von Mikroorganismen verursachten Krankheiten ist aber auch bei AIDS das Problem der Arzneimittelresistenz in den Vordergrund gerückt. Die Diagnose »HIV-positiv« ist nach wie vor eine düstere.

In vielen Teilen Afrikas ist AIDS eine Krankheit, die in der Regel durch heterosexuellen Geschlechtsverkehr übertragen wird. Die große Zahl der HIV-Positiven und der bereits voll an dem Syndrom Erkrankten ist bedrückend. Die

Behandlung ist teuer und erfordert stets eine gesundheitliche Infrastruktur, die in den meisten Teilen des Kontinents schlicht fehlt. Neben der Malaria und der Tuberkulose hat AIDS in den letzten beiden Jahrzehnten das internationale Gesundheitswesen dominiert. Alle drei Krankheiten haben Erregerstämme ausgebildet, die gegen eine konventionelle chemische Behandlung resistent sind. Sie verursachen eine hohe Morbiditäts- und Mortalitätsrate bei jungen Erwachsenen. Die Krankheiten haben die Unterschiede zwischen Arm und Reich noch verschärft und werden das, trotz der umfangreichen Leistungen der Gates Foundation und anderer internationaler Organisationen, auch in der nächsten Zukunft noch tun.

Man hat AIDS eine soziale Krankheit genannt, bei der die Leidenden eine Lösung von der medizinischen Wissenschaft erwarten. Die Naturwissenschaften und die auf ihnen beruhende medizinische Praxis gehören zu den wichtigsten Errungenschaften der westlichen Kultur. Wir brauchen sie, aber die medizinische Wissenschaft allein kann die Probleme der Menschheit nicht lösen. Wir leben heute nicht mehr in einer Welt, in der die Vorstellung vom zwangsläufigen Fortschritt große Überzeugungskraft entfaltet.

Textnachweise

Kapitel 1

Die Zitate aus den hippokratischen Schriften *Buch von der heiligen Krankheit* und *Aphorismen* beruhen in der englischen Ausgabe auf Francis Adams (Hrsg.), *The Genuine Works of Hippocrates*, 2 Bde., London 1849. Für die deutsche Übersetzung wurde benutzt: Hippocrates, *Werke*, übers. von J. F. C. Grimm, überarb. von L. Lilienhain, 2 Bde., Glogau: H. Prausnitz, 1838. Das Shakespeare-Zitat über den Sitz der Liebeslust stammt aus dem 3. Akt des *Kaufmanns von Venedig*, die deutsche Übersetzung stützt sich auf August Wilhelm Schlegel.

Kapitel 2

Sydenhams berühmtes Zitat über die Gleichförmigkeit der Symptome ungeachtet der betroffenen Person stammt aus seinen *Medical Observations*, abgedruckt in: R. G. Latham (Hrsg.), *The Works of Thomas Sydenham*, 2 Bde., London 1848.

Kapitel 3

Antoine Fourcroys zusammenfassende Beschreibung der Grundlage der Pariser medizinischen Ausbildung wird zitiert in: Erwin Ackerknecht, *Medicine at the Paris Hospital, 1794–1848*, Baltimore 1967. Auch Bichats zündender Ausspruch wird in dem Buch von Ackerknecht zitiert. Der Ausdruck »gateway to death« (»Vorhof des Todes«) zur Charakterisierung der schlimmen Zustände in den Hospitälern stammt von dem Arzt und Belletristen John Aikin (1747–1822), an den man sich heute vor allem als Schriftsteller erinnert. Francis Bacons Formulierung »Footsteps of diseases« (»Fußspuren der Krankheiten«) findet sich in seiner erstmals 1605 veröffentlichten Schrift *The Advancement of Learning.*

Kapitel 4

Die Frage von Edward VII. bezog sich auf die Tuberkulose. Sie wird zitiert in: Thomas Dormandy, *The White Death: A History of Tuberculosis*, London 1999. Dormandy erwähnt in einer Fußnote, dass der König den Ausspruch von William Withering entlehnt hat, dem Arzt, der 1785 das Digitalis in die klinische Medizin einführte. – Mr. Gradgrinds Insistieren auf »Fakten« ist ein immer wiederkehrendes Motiv in Charles Dickens' erstmals 1854 erschienenem Roman *Hard Times*.

Kapitel 5

Robert Hooke verwendete das Wort »Zelle« in seiner *Micrographia* (1665). Die Zusammenfassung der Kochschen Postulate durch Löffler wird zitiert in: Thomas D. Brock, *Robert Koch: A Life in Medicine and Bacteriology*, Madison 1988.

Kapitel 6

William Wordworths denkwürdige Formulierung findet sich erstmals in seinem 1798 veröffentlichten Gedicht »The Tables Turned«. Ivan Illich behandelte die »Iatrogenese« in mehreren Werken, am umfassendsten in: *Medical Nemesis: The Expropriation of Health*, London 1975 (dt.: *Die Nemesis der Medizin. Die Kritik der Medikalisierung des Lebens*, übers. von Thomas Lindquist und Johannes Schwab, 5. Aufl. München 1995). C.P. Snows Vorlesung *The Two Cultures* erschien 1959 bei Cambridge University Press.

Weiterführende Literatur

Allgemein

Bynum, W.F. / Bynum, Helen (Hrsg.), *Dictionary of Medical Biography*, 5 Bde., Westport (Conn.) / London: Greenwood Press, 2007. [Biographien wichtiger Persönlichkeiten aus aller Welt, die im Bereich der klinischen Medizin arbeiteten. Außerdem einführende Aufsätze zu den großen Traditionssträngen der Medizin.]

– / Porter, Roy (Hrsg.), *Companion Encyclopedia of the History of Medicine*, 2 Bde., London: Routledge, 1993. [Aufsatzsammlung, die das gesamte Wissensgebiet abdeckt.]

– / Hary, Anne / Jacyna, Stephen / Lawrence, Christopher / Tansey, E. M. (Tilli), *The Western Medical Tradition, 1800–2000*, Cambridge: Cambridge University Press, 2006. [Allgemeiner Überblick über die westliche Medizin der letzten beiden Jahrhunderte.]

Conrad, Lawrence I. / Neve, Michael / Nutton, Vivian / Porter, Roy / Wear, Andrew, *The Western Medical Tradition, 800 BC – AD 1800*, Cambridge: Cambridge University Press, 1995. [Allgemeiner Überblick über die Geschichte der abendländischen medizinischen Traditionen bis zum Ende des 18. Jahrhunderts.]

Duffin, Jacylyn, *History of Medicine: A Scandalous Short Introduction*, Toronto: University of Toronto Press, 1999. [Ausgezeichnete Einführung, die insbesondere die modernen Entwicklungen in Nordamerika gut darstellt.]

Lock, Stephen / Last, John M. / Dunea, George (Hrsg.), *The Oxford Illustrated Companion to Medicine*, Oxford: Oxford University Press, 2001. [Alphabetisch aufgebaut. Die meisten Artikel bieten eine großzügige historische Einbettung.]

Pickstone, John, *Ways of Knowing: A New History of Science, Technology and Medicine*, Manchester: Manchester University Press, 2000. [Anregende Einführung in die Wisssenschafts-, Technik- und Medizingeschichte, verfasst von einem führenden Experten.]

Porter, Roy, *The Greatest Benefit to Mankind: A Medical History of Humanity from Antiquity to the Present*, London: HarperCollins,

1999. [Hochgeschätzte und stets gut lesbare Überblicksdarstellung.]

Wear, Andrew (Hrsg.), *Medicine in Society: Historical Essays*, Cambridge: Cambridge University Press, 1992. [Ausgezeichnete Sammlung von thematisch vielfältigen Aufsätzen für Lehrzwecke.]

Weatherall, David, *Science and the Quiet Art: Medical Research and Patient Care*, Oxford: Oxford University Press, 1995. [Historisch einfühlsame Studie von einem ausgezeichneten Kliniker und medizinischen Forscher.]

Kapitel 1

Arokha, Noga, *Passions and Tempers: A History of the Humours*, New York: HarperCollins, 2007. [Umfassende Geschichte des fortgesetzten Einflusses der Säftelehre in Medizin und Naturwissenschaften.]

Grmek, D. M., *Diseases in the Ancient Greek World*, Baltimore: Johns Hopkins University Press, 1989. [Gründliche Darlegung der Zeugnisse über die im Altertum vorherrschenden Krankheiten, gestützt auf schriftliche Berichte und materielle Zeugnisse.]

King, Helen, *Hippocrates' Woman: Reading the Female Body in Ancient Greece*, London: Routledge, 1998. [Anregende Untersuchung über die Behandlung der Frauenkrankheiten in den antiken medizinischen Schriften.]

Lloyd, G. E. R. (Hrsg.), *Hippocratic Writings*, Harmondsworth: Penguin, 1978. [Sehr nützliche Auswahl aus den hippokratischen Schriften mit ausgezeichneter Einleitung.]

Nutton, Vivian, *Ancient Medicine*, London: Routledge, 2004. [Umfassender und gut geschriebener Überblick, verfasst von einer führenden Medizinhistorikerin.]

Temkin, Owsei, *Galenism: Rise and Decline of a Medical Philosophy*, Ithaca: Cornell University Press, 1973. [Geschichte des Einflusses, den Galen mehr als tausend Jahre auf die Medizin ausübte.]

Kapitel 2

Brockliss, Laurence / Jones, Colin, *The Medical World of Early Modern France*, Oxford: Clarendon Press, 1997. [Umfassende Darstellung der Medizin in Frankreich, die vier Jahrhunderte abdeckt.]

Bynum, W.F. / Porter, Roy (Hrsg.), *William Hunter and the Eighteenth-Century Medical World*, Cambridge: Cambridge University Press, 1995. [Weitgespannte Aufsatzsammlung über die Medizin und Anatomie der Aufklärungszeit.]

Pormann, Peter / Savage-Smith, Emilie, *Medieval Islamic Medicine*, Edinburgh: Edinburgh University Press, 2007. [Auf dem neusten Stand befindliche Überblicksdarstellung über ein komplexes Thema.]

Porter, Roy, *Quacks: Fakers and Charlatans in English Medicine*, Stroud (Gloucestershire): Tempus Publishing, 2000. [Unterhaltsames Buch voller Anekdoten, das aber zugleich Porters Idee von der fortgesetzten Bedeutung eines medizinischen Marktes herausarbeitet.]

Rawcliffe, Carole, *Medicine and Society in Later Medieval England*, Stroud (Gloucestershire): A. Sutton, 1995. [Gut verständliche, weitgespannte Überblicksdarstellung.]

Risse, Guenter B., *Hospital Life in Enlightenment Scotland: Care and Teaching in the Royal Infirmary of Edinburgh*, Cambridge: Cambridge University Press, 1986. [Ausgezeichnete Untersuchung über die klinische Medizin und die medizinische Ausbildung am Vorabend der Französischen Revolution.]

Siraisi, Nancy G., *Medieval and Early Renaissance Medicine*, Chicago: Chicago University Press, 1990. [Ausgezeichnete Einführung in die Medizin dieser Epoche.]

Kapitel 3

Ackerknecht, Erwin H., *Medicine at the Paris Hospital, 1794–1848*, Baltimore: Johns Hopkins University Press, 1967. [Klassische Studie über die französische medizinische Schule des frühen 19. Jahrhunderts.]

Bynum, W. F., *Science and the Practice of Medicine in the Nineteenth Century*, Cambridge: Cambridge University Press, 1994. [Allgemeine Darstellung des wachsenden Einflusses der Naturwissenschaften innerhalb der klinischen Medizin.]

Duffin, Jacylyn, *To See with a Better Eye: A Life of R.T.H. Laennec*, Princeton: Princeton University Press, 1998. [Ausgezeichnete Biographie des Erfinders des Stethoskops.]

Foucault, Michel, *Die Geburt der Klinik. Eine Archäologie des ärztlichen Blicks*, übers. von Walter Seitter, Neuaufl. Frankfurt a. M.: Fischer, 1988. [Eines der am leichtesten zugänglichen Bücher des einflussreichen Denkers, in dem er seine Vorstellungen über die Macht in der Medizin entwickelt. Der Schwerpunkt liegt auf der klinischen Schule Frankreichs.]

Hannaway, Caroline / La Berge, Ann (Hrsg.), *Constructing Paris Medicine*, Amsterdam: Rodopi, 1998. [Gute Sammlung von Aufsätzen führender Historiker über die französische medizinische Schule.]

Maulitz, Russell, *Morbid Appearances: The Anatomy of Pathology in the Early Nineteenth Century*, Cambridge: Cambridge University Press, 1987. [Anregende Untersuchung über die Entwicklung der Pathologie in der Zeit, als sie in der klinischen Medizin die Vorrangstellung innehatte.]

Risse, Guenter B., *Mending Bodies, Saving Souls: A History of Hospitals*, Oxford: Oxford University Press, 1999. [Außergewöhnlich elegante und durchdachte Darstellung der Rolle des Krankenhauses im Verlauf der Geschichte. Risses Untersuchung ist auch für die Ausführungen über die französischen Hospitäler des frühen 19. Jahrhunderts in Kapitel 6 einschlägig.]

Scull, Andrew, *The Most Solitary of Afflictions: Madness and Society in Britain, 1700–1900*, New Haven / London: Yale University Press, 1993. [Sculls überzeugende Darstellung legt zwar den Schwerpunkt auf Großbritannien, arbeitet aber viele Merkmale der Psychiatrie und des Wahnsinns heraus, die sich in dieser Periode überall in Europa und Nordamerika fanden.]

Kapitel 4

Duffy, John, *The Sanitarians: A History of American Public Health*, Urbana (Ill.): University of Illinois Press, 1990. [Gründliche Darstellung der Hygienebewegung in den USA.]

Hamlin, Christopher, *Public Health and Social Justice in the Age of Chadwick: Britain, 1800–1854*, Cambridge: Cambridge University Press, 1998. [Wichtige Untersuchung über das Verhältnis zwischen Armut und Krankheit.]

Kevles, Daniel, *In the Name of Eugenics: Genetics and the Uses of Human Heredity*, Harmondsworth: Penguin, 1986. [Immer noch die beste Überblicksdarstellung über die Eugenik.]

La Berge, Ann, *Mission and Method: The Early Nineteenth-Century French Public Health Movement*, Cambridge: Cambridge University Press, 1992. [Ausgezeichnete Zusammenfassung der Hygienebewegung in Frankreich.]

McKeown, Thomas, *The Role of Medicine: Dream, Mirage or Nemesis?*, Oxford: Blackwell, 1979. [Zugespitzte Fassung von McKeowns Sicht auf die Medizin und ihre Geschichte.]

Porter, Dorothy, *Health, Civilization and the State: A History of Public Health from Ancient to Modern Times*, London: Routledge, 1999. [Gute Zusammenfassung eines großen Themas.]

– (Hrsg.), *The History of Public Health and the Modern State*, Amsterdam: Rodopi, 1994. [Gute Aufsatzsammlung führender Historiker, die viele Länder behandelt.]

Kapitel 5

Ackerknecht, Erwin H., *Rudolf Virchow: Doctor, Statesman, Anthropologist*, Madison (Wisc.): University of Wisconsin Press, 1953. [Diese ältere Biographie bietet immer noch eine ausgezeichnete Einführung in Virchows vielseitige Laufbahn.]

Bernard, Claude, *Introduction à l'étude de la médecine experimentale* (1865), Paris: Éditions Garniers-Flammarion, 1966. [Bernards klassisches Buch ist immer noch eine lohnende Lektüre.]

Coleman, William / Holmes, Frederick Lawrence (Hrsg.), *The Inves-*

tigative Enterprise: Experimental Physiology in Nineteenth-Century Medicine, Berkeley: University of California Press, 1988. [Hervorragende Aufsatzsammlung über die experimentelle Physiologie und deren Bedeutung für die medizinische Praxis.]

Debré, Patrice, *Louis Pasteur*, engl. Übers. von Elborg Forster, Baltimore: Johns Hopkins University Press, 1998. [Ausführliche Biographie von Pasteur, von Sympathie getragen, aber nicht unkritisch.]

Harris, Henry, *The Birth of the Cell*, New Haven / London: Yale University Press, 1998. [Gute Einführung in die Mikroskopie des vorletzten Jahrhunderts.]

Wangensteen, Owen H. / Wangensteen, Sarah D., *The Rise of Surgery: From Empiric Craft to Scientific Discipline*, Folkestone (Kent): Dawson, 1978. [Altmodische Heldengeschichte, aber dabei wunderbar kosmopolitisch und stimmig in den Details.]

Worboys, Michael, *Spreading Germs: Disease Theories and Medical Practice in Britain, 1865–1900*, Cambridge: Cambridge University Press, 2000. [Subtile Untersuchung über die Auswirkungen der Bakteriologie und der Keimtheorien auf die britische Medizin.]

Kapitel 6

Bliss, Michael, *The Discovery of Insulin*, Edinburgh: Harris, 1983. [Ausgewogene Darlegung dieser berühmten Episode in der Geschichte der Medizin.]

Bonner, Thomas Neville, *Becoming a Physician: Medical Education in Great Britain, France, Germany and the United States, 1750–1945*, Oxford / New York: Oxford University Press, 1995. [Sehr gute vergleichende Untersuchung, die sich auch auf Themen bezieht, die in früheren Kapiteln und in der Einleitung des vorliegenden Buchs angesprochen werden.]

Cooter, Roger / Pickstone, John (Hrsg.), *Medicine in the Twentieth Century*, Amsterdam: Harwood Academic Publishers, 2000. [Umfangreiche Aufsatzsammlung zu vielen Aspekten der Medizin des vorigen Jahrhunderts.]

Farley, John, *The International Health Division of the Rockefeller Foundation: The Russell Years, 1920–1934*, Cambridge: Cambridge University Press, 1995. [Ausgezeichnete Einführung in das wichtige Thema der internationalen Gesundheitsfürsorge und zugleich in die Amerikanisierung der Welt.]

Howell, John, *Technology in the Hospital: Transforming Patient Care in the Early Twentieth Century*, Baltimore: Johns Hopkins University Press, 1995. [Schöne Untersuchung über den Einfluss der medizinischen Wissenschaft und der Technologie auf das ärztliche Handeln im Krankenhaus.]

Le Fanu, James, *The Rise and Fall of Modern Medicine*, London: Little, Brown and Co., 1999. [Auf Erfahrungen beruhende Geschichte der Medizin des vorigen Jahrhunderts von einem klugen praktischen Arzt und Medizinjournalisten.]

Marks, Harry, *The Progress of Experiment: Science and Therapeutic Reform in the United States, 1900–1990*, Cambridge: Cambridge University Press, 1997. [Ausgezeichnete Einführung in klinische Testverfahren und vieles mehr.]

Stevens, Rosemary, *In Sickness and in Wealth: American Hospitals in the Twentieth Century*, New York: Basic Books, 1989. [Gründliche Analyse der wirtschaftlichen und medizinischen Dimension amerikanischer Krankenhäuser.]

Überblicksliteratur zur Geschichte der Medizin in deutscher Sprache

Bayertz, Kurt / Kroll, Jürgen / Weingart, Peter, *Rasse, Blut und Gene. Geschichte der Eugenik und Rassenhygiene in Deutschland*, Frankfurt a. M. 1988.

Bergdolt, Klaus, *Die Pest. Geschichte des Schwarzen Todes*, München: Beck, 2006.

Bickel, Marcel H., *Die Lehrbücher und Gesamtdarstellungen der Geschichte der Medizin 1696–2000. Ein Beitrag zur medizinischen Historiographie*, Basel 2007.

Dommann, Monika, *Durchsicht, Einsicht, Vorsicht. Eine Geschichte der Röntgenstrahlen 1896–1963*, Zürich 2003.

Eckart, Wolfgang U., *Geschichte der Medizin. Fakten, Konzepte, Haltungen*, Berlin 2009.

Fewer, Andreas / Schockenhoff, Eberhard / Schäfer, Daniel [u.a.] (Hrsg.), *Gesundheitskonzepte im Wandel. Geschichte, Ethik und Gesellschaft*, mit Beitr. in engl. Sprache, Stuttgart 2008.

Hach, Wolfgang / Hach-Wunderle, Viola, *Blickpunkte in die Medizingeschichte des 19. Jahrhunderts*, Stuttgart 2007.

Hudemann-Simon, Calixte, *Die Eroberung der Gesundheit 1750–1900*, Frankfurt a. M. 2000.

Illustrierte Geschichte der Medizin, CD-ROM, Directmedia Publishing, 2004.

Jankrift, Kay P., *Krankheit und Heilkunde im Mittelalter*, Darmstadt 2003.

– *Mit Gott und schwarzer Magie. Medizin im Mittelalter*, Stuttgart 2005.

Jütte, Robert, *Geschichte der Alternativen Medizin. Von der Volksmedizin zu den unkonventionellen Therapien von heute*, München 1996.

Karger-Decker, Bernt, *Die Geschichte der Medizin von der Antike bis zur Gegenwart*, Düsseldorf 2001.

Kollesch, Jutta / Nickel, Diethard (Hrsg.), *Antike Heilkunst. Ausgewählte Texte aus den medizinischen Schriften der Griechen und Römer*, Stuttgart 1994.

Leven, Karl-Heinz, *Geschichte der Medizin. Von der Antike bis zur Gegenwart*, München 2008.

– / Seidler, Eduard, *Geschichte der Medizin und der Krankenpflege*, Stuttgart 2003.

Lyons, Albert S. / Petrucelli, R. J., *Die Geschichte der Medizin im Spiegel der Kunst*, Köln 2003.

Ruffie, Jacques / Sournia, Jean-Charles, *Die Seuchen in der Geschichte der Menschheit*, Stuttgart 2000.

Schipperges, Heinrich, *Der Garten der Gesundheit. Medizin im Mittelalter*, München 1990.

– *Krankheit und Kranksein im Spiegel der Geschichte*, Berlin 1999.

Sieck, Annerose, *Geschichte der Medizin*, München 2006.
Steger, Florian / Jankrift, Kay P. (Hrsg.), *Gesundheit – Krankheit. Kulturtransfer medizinischen Wissens von der Spätantike bis in die Frühe Neuzeit*, mit Beitr. in engl. Sprache, Wien/Köln/Weimar 2004.
Wolff, Horst-Peter / Wolff, Jutta, *Geschichte der Krankenpflege*, Kassel 1994.

Dank

Ich habe viele Einführungsvorlesungen gehalten, denen die in diesem Buch gewählte Gliederung zugrunde lag. Die Rückmeldungen, die ich von den Teilnehmern erhielt, lieferten wertvolle Hinweise, um vor lauter Bäumen nicht den Wald zu übersehen.

Die Verantwortlichen bei Oxford University Press haben das Buch mit bemerkenswerter Sorgfalt betreut. Die Kommentare von Andrea Keegan und einem ungenannten Beurteiler sind Stil und Inhalt zugute gekommen. James Thompson erwies sich als ein vorbildlicher Lektor. Ihnen allen gilt mein Dank.

Der größte Dank gebührt Helen Bynum, die das Manuskript mit wunderbarer Sorgfalt kritisch las. Vor vielen Jahren hatte sie meine Vorlesung gehört. Sie weiß, welch großen Anteil sie an diesem Buch hat.

Abbildungsverzeichnis

Personen- und Sachregister